こころの遊歩道

「1日5分」で幸せを感じる方法論

小林正観
Seikan Kobayashi

イースト・プレス

こころの遊歩道

「1日5分」で幸せを感じる方法論

小林正観

はじめに

私が発見した「幸せ」のメカニズム

この本は、私なりの「幸せを感じる方法」を述べたものです。「幸せ」というものが遠いところにあるものではなく、すぐそばにあるものだ、ということをお伝えしたいと思ったのです。

この「未来の智恵シリーズ」の1は拙著「22世紀への伝言」という本でした（編集部注＝現在は廣済堂《こうさいどう》出版より復刊）。

多くの読者の方から連絡をいただいたのですが、中にこんな方がいらっしゃいました。朝、出勤前に「22世紀への伝言」のどこかをパッと開ける、そこの項目をひとつだけ読んで出勤する、それを日課にしている、というのです。そのための時間を毎朝5分、とっているのだそうです。それがヒントになりました。

三冊目の本（この本）を書くにあたり、1日5分の「心の散歩をしてもらおう」と思ったのです。

イライラしたとき、悲しいとき、辛《つら》いとき、苦しいとき、悩んだとき、どこでもいいからパッと開いて一項目（5分）だけ読んでみてください。そこには何かヒントがあるかもしれません。そのため、一つ一つの話はあまり前後とつながっておらず（無理してつなげて書くことをしなかった）、独立性の濃いものになっています。そういうふうに読んでいただければ幸いです。

「心の中を1日5分～10分散歩してもらいたい」との願いで、健康食品を販売する株式会社エーオーエーアオバの季刊誌「ＴＥＲＲＡ」に「こころの遊歩道」という題で連載させていただき、この本の題も、そこからつけました。エーオーエーアオバの白井常雄《しらいつねお》社長のご好意に感謝します。

本をまとめるにあたり、多くの方のご協力とご支援をいただきました。心よりお礼を申し上げます。

小林正観《こばやしせいかん》

こころの遊歩道　「1日5分」で幸せを感じる方法論

【もくじ】

第1章 「幸」と「不幸」の法則

第2章 「幸せを感じる人」の共通点

第3章 人間関係の悩みがゼロになる

第4章 「結果」が教えてくれること

第5章 喜ばれれば、全てが幸せ

第6章 受け入れれば、全てが幸せ

第1章

「幸」と「不幸」の法則

足るを知る

「幸せと思う心」を持つ

人に「幸せ」を与えてくれるもの、運んでくれるものは三つに分けられると思います。

一つ目は「もの」です。「もの」というのはもちろん金銭的なものも含みますし、物質的なもの（手にとって見られるもの、感触が確かめられるもの、物体として存在するもの、あるいは三次元的に、私たちの物質的な要求・欲求を満たしてくれるもの）と言ってもいいかもしれません。

二つ目は、「環境」や「状況」というものです。例えば、自分が係長になったとか、教授になったとか、地位が上がった、などの「状況」がひとつあります。

それから美しい海や山を目の前にしている。その風景が自分にとって心地よい、というような意味での「環境」があります。これには例えば家族や子供と一緒にいると楽しいとか、この人と一緒にいると幸せ、という状況や環境も含みます。

そして三つ目は「心」です。「心」というのは「……と思う心」です。**「幸せ」を感じさせてくれるものの最後のものは「『幸せ』と思う心」なのです。**

例えば、一つ目の、ものや金銭が与えてくれる「幸せ」というものを考えてみます。仮に、一〇〇万円を自分の預金口座に貯めたら「幸せ」だ、と思っている人がいたとします。実際に一〇〇万円貯めてみた。けれども、隣の人が二〇〇万円貯めていた。また、二〜三年後輩の人は三〇〇万円貯めていた。ある人に出会ったら、その人は一〇〇〇万円持っていた……。

もっと上を見ればきりがないわけで、一〇億円、一〇〇億円持っている人もいます。世の中には常に、物質的、金銭的な欲望があり、それは際限のないものです。そこで、自分自身が「足ることを知る心」、つまり充足する、満足する、という心を持っていない限り、「幸福」になるどころか、ますます「不幸」、あるいは「苦しみ」になることがわかるでしょう。

ですからここで、「心」というものが非常に大切な存在になってきます。**「幸福」と思う心、「満足である」「ここでいい」と思う心がなければ「幸せ」は存在しません。**

同時に「状況」や「環境」というものを考えてみます。美しい海を見て、あるいは美しい山を見て、「美しい」と思うのは、そう思う「心」がなければならないのです。例えばどんなに美しい富士山《ふじさん》が目の前にあっても、何も関心を示さずに新聞を読んでいる人、あるいは週刊誌を読んでいる人、ヘッドホンで音楽を聴いている人がいます。

しかし、その雪を頂いた富士山を、心から「美しい」と思う人もいます。それは「美しい」と思う「心」があるからです。

ある人や、ある仲間たちと話をしたり、あるいは一緒に何かをしていて、そこで「幸せ」を感じる、というのは、その人に、それを感じる「心」があるからでしょう。

つまり「心」が非常に重要な役割を果たしている、ということです。

ものや金銭が「幸せ」を運んでくれるもののひとつであり、また状況や環境も、そのひとつである、と、しましょう（もちろん人によって考えが違うと思いますが、それらを「幸せ」と思う人がいる、という点から数に入れてみました）。

そしてもうひとつ、――「幸せ」と感じる「心」というものがあります。「幸福」というものは、「……と感じる心」がない限り、ものや金銭も、また状況や環境も全て「幸福」と感じることはできません。

逆に、ものや金銭が全くなくても、あるいは状況や環境が他人から見てひどいものであっても、「幸福」と思う「心」があれば（「幸福」と思っていれば）、その人にとっては「幸福」なのです。**「幸せ」である、ということは外的なもので決まるのではなく、「心」の問題として決まってくるのです。**

余談ですが、京都《きょうと》・龍安寺《りょうあんじ》には、水戸光圀公《みとみつくに》が寄贈したと伝えられる「知足《ちそく》のつくばい」というのがあります。大きな石の上に正方形の切り込みがあり、その正方形に水をたたえているものです（つくばいは漢字で「蹲踞」と書きます。庭先の手水鉢《ちょうずばち》＝トイレのあとの手洗い＝のことです）。

その正方形の上には「五」、下には「疋」、右には「隹」、左には「矢」の文字が刻み込んである。真ん中の正方形を「口」の字として読ませ、上の「五」と合わせて「吾」、右の「隹」と合わせて「唯」、下の「疋」足と合わせて「足」、左の「矢」と合わせて「知」とするのです。

文章は、右回りで読んで、「吾、唯、足、知」。「われ、ただ、足るを、知る」。

「幸せの本質とは、『足る』を『知る』ことにある。私はただその一点を知っているだけで幸せでニコニコしていられるのだ」ということなのです。

この「つくばい」は「知足のつくばい」と呼ばれ、禅の悟りのひとつとされています。

光圀公は「自分におごりたかぶりがあればいつでもいさめるように」と家臣に言いわたすほどの名君でした。だからこそ、光圀公ならば威張って弱い者をいじめる代官や旗本、領主や武士をこらしめてくれる、との希望が講談になり、「水戸黄門《こうもん》漫遊記」にもなっていったのです（実際には全国行脚などしていなかったのですが）。

「足るを知ることこそが、幸せの根源。それがなければ幸せがない」と〝悟っていた〟光圀公は、政治だけではなく、生き方についても〝達人〟であったに違いありません。

幸と不幸のたまご構造

不幸は幸せの「前半分」

大学時代に精神世界のことを研究し始めて以後、たくさんの「宇宙構造をひもといた言葉」に出会ってきました。

その中のひとつに、「世の中に不幸や悲劇は存在しない。そう思う心があるだけだ」という言葉がありました。

出会った当初は「そんな馬鹿な」と思ったのですが、この言葉がその後、頭から離れません。

二年経ち三年経ち、五年ほど経って、やっと認めることになりました。いや、言葉を換えて言えば「認めざるをえなかった」ということになります。「本当にそうであるらしい」との結論に達したからです。

〝懐疑的〟な二〇代を経て、三〇代になってからは、「自分は不幸」「自分はツキがない。恵まれていない」と嘆く人に、「本当にそうでしょうか」と問いかけるようになりました。

その悲しみや苦しみは、実は、現象のとらえ方によって、「幸せ」になってしまうこともあるのです。そういう場合には「悲しい」「苦しい」と言っていた現象が、幻になってしまう。そういう「悲しく」「苦しい」現象が消えてしまいます。

「悲しく」「苦しい」現象は、本当はそのほとんどが、悩んだり苦しんだりする必要のないものなのかもしれません。

砂漠で遭難したとしましょう。

まる一日水を飲まずに歩いていたらたまたま水筒が落ちていたとします。

その水筒には水が半分入っていた……。

そのとき、「半分も残っている」と思うのと、「半分しかない」と思うのとでは、受けとるものが違うのです。「半分も残っている」と考えれば「幸せ」ですし、「半分しかない」と思えば「不幸」になります。

事実や現象はひとつ。

ただ、それを受けとめる側の〝心〟がその現象の価値を決めるようなのです。

同様に、湯のみに、お茶が半分入っているとしましょう。

これを、「半分も入っている」と考えれば「幸せ」だし、「半分しかない」と考えれば「不幸」です。同じ現象なのに、とり方、とらえ方で、その価値は全く正反対のものになってしまう。

アメリカで、ある心理学者が、「まだ四〇歳」と考えるグループと、「もう四〇歳」と考えるグループの二種を追跡調査したことがあるそうです。確か一〇〇〇人ずつのグループだったと思いますが、近年、その最後の人（二〇〇〇人目の人）が死去して調査は完了、二つのグループの平均寿命（平均死亡年齢）が割り出された結果、何カ月という差ではなく、何年という単位の差が、出たといいます。

もちろん、「まだ四〇歳」と考えた人たちの方が「もう四〇歳」と考えたグループよりも長く生きました。

同じ「四〇歳」という現象を、「もう四〇歳だから」と毎日体に言い聞かせるのと、「まだ四〇歳だから」と毎日体に働きかけるのと、やはり正反対のとらえ方になるでしょう。「もう四〇歳」と考えた人は、ほとんどの人がその先も「もう五〇歳」「もう六〇歳」と考えたに違いありません。そういう場合は、多分「年をとる」という事実は、肉体にとって全て〝毒〟であり、マイナスに作用することになるのでしょう。

逆に「まだ四〇歳」と考えた人は、「まだあれもできる」「これもできる」と前向きにいろいろなことに取り組んできたに違いありません。

「とらえ方」の違いで、目の前の現象は「幸」にも「不幸」にもなる、ということのようなのです。

三〇代には「〝不幸〟や〝悲劇〟という現象は、本当に、存在しないみたいだ。そう思う、そう決めている〝心〟があるだけのようだ」と言い続けてきたことは、冒頭に書きました。

四〇代になって、私は新たに、こういうこともつけ加えるようになりました。「かもしれない」が、確信に近いものになったからです。

「〝不幸〟や〝悲劇〟は存在しない。しかし、それだけでは、宇宙構造の半分しか伝えていないように思う。実は〝幸福〟という現象も存在しないようだ」

というものです。

世の中に〝不幸〟や〝悲劇〟という現象は存在しない代わり、〝幸福〟という名の現象も存在しないのではないか、と思うようになりました。

全ての現象は、宇宙的に、本質的に、ニュートラル（中立）なのです。それを〝幸〟ととるか、〝不幸〟ととるか、は、どうもその人次第であるらしい……。

「山のあなたの空遠く　幸い住むと　人の言う……」

というのは、どうやら、「人の言う」のが違うのかもしれません。むしろ、「チルチル・ミチル」の、「幸福の〝青い鳥〟は自分の家にいた」との結論の方が、宇宙的な真実を物語っているような気がします。

ここ数年、「幸と不幸の構造」について、もうひとつ思い至ることがありました。

それは、「幸と不幸は〝たまご〟構造。それもゆでたまごではなく、生《なま》たまごだ」というものです。

例えば、「おいしい」という概念の前段階として、必ず、「空腹だ」という概念が存在しています。「空腹」という現象が存在しなければ、「おいしい」という現象が存在しない。

同様に、「のどが渇いた」という現象がなければ「のどの渇きが潤せた。嬉《うれ》しい」という現象が存在しません。

さらに考えるに、「空腹であればあるほど」おいしさは増加する。逆に、空腹の度が小さいものであれば、おいしさも小さい。明らかにその〝量〟は連動しています。

「おいしい」という〝幸せ〟を味わうためには、どうやら「空腹だ」という〝不幸〟を味

わわねばならない、というのが宇宙構造のようなのです。

では、「空腹」という現象と、「おいしい」という現象は、個々に独立しているわけではないのではないか、と思うようになりました。「空腹」と「おいしい」は「1＋1＝2」という形で存在しているわけではなく、半分と半分、「1/2＋1/2＝1」として存在しているように思えます。「空腹」と「おいしい」は足してひとつになるのであって、独立した現象として存在するのではない……。

「空腹」と「おいしい」はワンセットであり、「空腹」は、「おいしい」という〝幸せ〟の前半分現象だ、とも考えられるのです。

同じように、四季（春夏秋冬）を考えてみましょう。

夏、これ以上暑くなったら生きていけないと思うほど、気温が上がります。そのあとに来る秋は、本当に風が涼しく、心地よく感じられます。夏が暑ければ暑いほど、秋のさわやかさが〝幸せ〟です。

冬、これ以上寒くなったら生きていけないと思うほど、気温が下がります。北風がヒューヒュー吹き、寒さに震えます。そのあとに来る春のほのかな暖かさは、本当に楽しく、嬉しいものです。

夏暑ければ暑いほど、秋の涼しさが〝幸せ〟です。

冬寒ければ寒いほど、春の暖かさが〝幸せ〟になります。

夏と秋がワンセット、冬と春がワンセットになっている……。

宇宙は、幸と不幸の構造が、実はこういうものなのだよ、と、人類の前にずっと、四季という形で呈示《ていじ》し続けてきたのかもしれません。夏の暑さによって、秋の〝幸せ〟を感じなさい、冬の寒さによって春の〝幸せ〟をより多く味わいなさい、ということだったのかもしれないのです。

何かスポーツをやっていて、足を捻挫したとしましょう。

当然走れないし、歩くにも困難がともないます。一週間して痛みが消え、普通に歩け、走ることもできるようになったとします。

そのときは、足が普通に機能していること、普通に生活できることが、嬉しいに違いありません。

捻挫する前と捻挫が治ったあとと、日常生活は特に変わりはないのです。が、ただひとつ、大きく違うのは、自由に動かない足が自由に動くようになったことで、「足が自由に動くこと、普通に生活できること」に感謝する、感謝できるようになった、という点でしょう。

生まれて以来、手も足も自由に動くことに感謝しろと言われても、本当に〝感謝〟することは難しい。

けれども、**「自由にならない」ことを味わったあとなら、「手足が自由に動く」「日常生活が普通に送れる」ことの喜びや幸せを、噛《か》みしめることができるのです。**

では、その捻挫は〝不幸〟なことだったのか……。

足を骨折すれば、一カ月は不自由な生活を味わわねばなりません。捻挫は一週間ですが骨折は一カ月。その不自由な生活を味わわねばなりません。その不自由さを感じれば感じるほど、「普通に歩ける普通の生活」を〝幸せ〟に思うことになります。

その場合、〝不幸〟と思っていた捻挫や骨折が、普通に生活できる嬉しさや〝幸せ〟の前半分の現象であった、実は〝幸せ〟の前半分であった、ということに気づいたのです。

「捻挫して良かった」「骨折して良かった」と思えたら、その捻挫も骨折も、その人にとっては大きな意味を持っていました。

完治する前に、「手足が自由に動くこと」「普通に生活できること」の素晴らしさに気づき、感謝することができれば、それら捻挫や骨折が、一週間や一カ月を必要とせずにそれより早く完治するとの話も、整体などの先生から聞いたことがあります。

怪我《けが》に感謝し、病気に感謝する……。

それが〝幸せ〟の前半分であり、苦痛や大変さが大きいほど、元気になったときの喜びや〝幸せ〟が大きいのだ、という因果関係に気がつくと、怪我や病気を恨んだり呪ったりすることが少なくなることでしょう。


一般的な〝不幸〟が〝幸〟の前半分である、という構造は、実によく「たまご」の構造に似ています。

ここで言う「たまご」とは、スーパーマーケットなどで売っている鶏卵のことを考えてください。ほかのたまごでもいいのですが、鶏卵を想像してもらうとわかりやすいのです。

今まで述べてきたように、〝幸〟を味わうためには（おいしさを味わうためには）〝不幸〟と一般的に思われること（おいしさに対する「空腹」）が通り過ぎたところにしか、「おいしさ」が存在しない。

空腹＝たまごの白身、おいしさ＝たまごの黄身です。

「空腹」（＝白身）の中に、「おいしさ」（＝黄身）が抱かれている。

しかし、この「たまご構造」は「生たまご」でなければなりません。

生たまごは、割って器に入れれば、白身と黄身が分離していますが、シャカシャカとかき混ぜてしまうと、全く境界線がなくなり、見事に溶け合ってしまいます。一度かき混ぜたら、それを白身と黄身に分けることはできない。

なぜなら、白身も黄身も、本質は同じものだからです。本質は同じものだから、完全に混ざり合ってしまう……。

一方、ゆでたまごは、白身は白身、黄身は黄身で分離し、独立しています。

ですから、「〝幸〟と〝不幸〟はたまご構造。しかも、ゆでたまごではなく生たまご」ということになるのです。

余談ですが、あるところでこんな「たまご構造」の話をしたところ、ある方から次のように教えていただきました。

白身と黄身をシャカシャカと混ぜ合わせて焼くと普通のたまご焼きかスクランブルエッグになるわけですが、激しくかき混ぜずに白身と黄身とが互いに折り合っていることがわかる程度に軽くかき混ぜた方が、「おいしく」焼き上がるのだとか。

同じような話で、稲の生育に関しても、学者のおもしろい話を聞きました。

おいしいお米ができるためには、いくつかの必須条件があるのだそうです。適度な日照、適度な温度、適度な（土の）水分、適度な（大気中の）湿度、炭酸ガス濃度、それに、適度な風、なのだそうです。

風、と聞いて、不思議な気がしました。

風は、稲の生育にとって〝敵〟のような気がしていました。台風になぎ倒されてダメになった稲をたくさん見てきましたから、風は大敵のように思っていたのですが、風は〝味方〟にとどまらず、〝必要なもの〟であったということです。〝不幸〟に思える現象のおかげで、人は向上し、成長していくらしいのです。

〝幸〟も〝不幸〟も、宇宙現象としては存在しない。赤いメガネで見れば赤く、青いメガネで見れば、世界は全て青く見える。

今まで〝不幸〟と思っていたことを、〝幸せ〟の前半分かもしれない、と考えてみると、世の中が違って見えてくるかもしれません。

三〇年映画

人生の「シナリオ」を楽しく演じる

テレビの普及や衛星放送の充実により、映画になるものは「よりドラマチックに」「より奇想天外に」「より波瀾《はらん》万丈に」「よりスペクタクルに」映像化されるようになりました。ですから、テレビがなかった時代に作られた映画よりも、現代の映画はより刺激的に、スリリングに、ドラマチックになっているような気がします。

ところが、私たちの身近には、もっと楽しくドラマチックでスリリングでダイナミックな映画が存在するのです。

その映画は、ストーリーが波瀾万丈で、結果の予測がつかない。次から次に事件や出来事が起き、登場人物はたくさんいて、しかもその登場人物は一人一人が実に個性的でおもしろく、楽しい。不思議で魅力的でミステリアスな人たちばかりです。

さらに、その映画は非常に進んでいて、〝立体映画〟でもある。

コーヒーからは湯気がたちのぼり、それに手を出すとカップがつかめて、そのコーヒーを飲むこともできる。みずみずしいミカンがあれば手を出してつかみ、食べることもできる。美しい山を見て登りたいと思ったら登れるし、美しい海を見てその海水につかりたい、触れてみたいと思えば、つかることも触れることもできるのです。

まさに〝立体映画〟。

もちろん、この映画はカラーで、色もリアルで美しい。

そんな素晴らしい映画が〝無料〟です。

そして主演も監督も脚本も、全て自分。

平均寿命が八〇歳とすれば、そんな楽しく素晴らしい映画が、三〇歳の人なら五〇年、五〇歳の人なら三〇年、なお続きます。

映画の題名は「わが人生」。眠るとき、映画はとりあえず今日の分を終わります。目を閉じると「続く」と出る。翌朝目を覚ますと「続き」と出て、一日が始まる……。

さらに、この楽しい長編映画をさらに活発に、楽しくする方法があるのです。それは、「不平不満」「愚痴《ぐち》」「泣き言」「悪口《わるくち》」「文句」を言わない、ということ。

〝偶然〟に起きているように見えることでも実は〝偶然〟ではないらしい。自分が、生まれる前に自分のシナリオやスケジュールを書いてきているようなのです。

その「自分の書いたシナリオ」に対して、呪いの言葉を吐いたり、恨んだり、感情的になったりするのは意味がありません。自分でシナリオを書いたのですから、誰かを恨むのも宇宙を呪うのも、みんな〝筋違い〟のことです。

「不平不満」「愚痴」「泣き言」「悪口」「文句」を口にしないで三カ月から六カ月すると（個人差があるようで、人によっては三カ月くらいから、人によっては六カ月ほどかかります。口にしてきた言葉の総量に比例します）、宇宙から「これをしてください」という呈示が来ます。

その呈示に対して素直に従ってみる。「不平不満」「愚痴」「泣き言」「悪口」「文句」を言わなくなっているので、呈示されたことに対して文句を言ったり、得るものが少ないと不平不満を言ったりすることは、なくなっていることでしょう。

〝呈示〟は、例えば「ＰＴＡの役員をしてください」というものであったり、「町内会の落ち葉掃除・雑草とり会に参加しませんか」というものであったり、「あなたに会わせたい人がいるんだけど」というようなことです。

たまたま仕事を辞めて無職でいるときなら「こんな仕事があるんだけど」「こんな人を探

している会社があるんだけど」というような話が飛び込んできます。直接会ったときの立ち話だったり、電話が来たり、手紙が来たり、いろいろです。

「不平不満」「愚痴」「泣き言」「悪口」「文句」の五つを、私は「五つの戒《いまし》め」として「五《ご》戒《かい》」と呼んでいますが、その「五戒」を口にしなくなって三カ月以上経っていると思える場合には、この「宇宙の呈示」にぜひ乗ってみてください。

宇宙の意志、これを「意」と言いますが、その「意」に乗る……。「意」に「乗る」のを「意・乗り」、あるいは「意・乗る」と呼びます。独立した文字が当てられて、この言葉は「祈り」「祈る」と書かれるようになったのですが、それはともかくとして、宇宙の呈示に従う（お任せする）ことにすると、今までの〝映画〟は、突然、さらに活動的に、ダイナミックに、スリリングに、急展開を始めるらしいのです。

その〝急展開〟は、楽しさに満ちています。

目の前に現れる人、知り合いになる人が、皆一人一人魅力的でおもしろい。予想もしなかった方向に扉が開き、それがまたさらに次の展開を生んで……、というようになるようです。それもまた〝シナリオ〟なのですが。

ただし、「働きかけがあった」からと言って無批判に〝乗って〟はいけないものもあります。ひとつは、名称や教団名、あるいは身元を明かさない宗教団体です。「先祖があなたに救いを求めている」「世界の破滅が来る」「あなたには悪い霊がついているので除霊してあげよう」などというもの。結局は法外なお金を出させることが目的なので、十分気をつけてください。

もうひとつは詐欺的商法です。ネズミ講的な組織は法律的に存在しえなくなりましたが、「うまい話」「おいしい話」には、くれぐれも気をつけましょう。

一言で言うと、「脅かす人（や組織）」と「ありそうもないもうけ話を持ち込む人（や組織）」には気をつける。つまり、そういう話には「乗らない」こと。「悪意」を見抜く目も必要です。

そうした「悪意」が入り込むことができない〝役割〟や〝仕事〟も世の中には存在するのですが、そうした〝宇宙の呈示〟があったら「乗る」ことにするのです。

そうすると、〝映画〟は、とにかく楽しくおもしろく、展開し始めます。ストーリーの展開はダイナミックで予想外。今までの「自分の映画」には出てこなかった、不思議で奇妙だがとても魅力的な人たちが、次から次に現れるのです。

その〝展開〟を楽しんでいく（拒否をしない）と、肉体的にはきつく、忙しくなるのですが、毎日がワクワクの連続です。**今日はどんな人が現れるのだろう、明日はどんな事件が起きるのだろう、と楽しく受けとめていると、いつの間にか、社会の中である種の〝役割〟をこなし始めている自分に気がつくことでしょう。**

今までの人生を振り返ってみれば、〝シナリオ・ライター〟が優秀かどうかわかります。優秀なライターであれば、後半の人生はもっと劇的でおもしろいものを書き込んでいるに違いありません。

好きだ、嫌いだ、でものを判断せず、あるところからは「流れの上に舟を浮かべて下る」ことを考えてみるのです。

きっと、楽しく素晴らしい三〇年映画、五〇年映画が展開し始めることでしょう。

悩みの本質

迷わなければ、「苦しみ」はなくなる

人間が生きていく日々の中で、必ず「悩み」や「苦しみ」というものが存在すると思います。「悩みや苦しみがない」と言う人は、ほとんどいないのではないでしょうか。

実は、「悩みや苦しみの本質」というものを、ずっと突きつめていくと、それはほとんど「迷い」（選択できない）ということから生じているということに気がつきます。

「悩みの本質」は「迷い」です。では、その「迷い」というものは、どのように解決すればいいのか、という問題になります。

実は、**その「迷い」が、本当に選択できないほどのもの（自分にとって五〇％対五〇％）であるならば、結論を一言で言ってしまえば「どちらをとってもいい」ということになります。**五〇対五〇だから、本当に深刻に悩むのですが、見方を変えれば、五〇対五〇であるならば、どちらも自分にとっては、同じ重さなのです。だとすれば、その場合はどちらを選択してもいい。

四九対五一ならば、多分悩み苦しむことは少ないでしょう。つまり、五一の方をとればいいのです。四八対五二でも、その差がどんなに小さくても、大きい方（五二の方）をとりさえすれば、自分の望んでいる方へ、より近くなります。

本当に「悩み苦しむ」というのは、五〇対五〇だから、どちらにも決めかねて、迷い、結論が出せないということなのでしょう。

ですから、五〇対五〇ならば「どちらをとってもいい」……それが結論です。

ただし、次のような場合には、結論が違ってきます。

一カ月前は、「会社を辞めたい」とは思っていなかった。しかし、それから一週間、二週間……と経つうちに、「辞めたい」という気持ちが次第に強くなり、今では「辞めたくて仕方がない」と思うようになった。しかし、家族のことや、世間体、これからの生活のことなどを考えたときに、「辞めない方がいい」という気持ちが五〇％、「辞めたい」と思う気持ちが五〇％あるとします。この場合には、あと一週間、二週間と経てば、その比率が変わることが、目に見えています。そうなると今、五〇対五〇であることに、大きな意味はありません。日が経てば、自《おの》ずとパーセンテージが変わるわけです。

つまり、「辞めたい」気持ちが、六〇になり、「辞めない方がいい」というのが四〇になれば、迷いはなくなり、悩みもなくなります。六〇になった方を選べばいいからです。

「迷いの本質」というのは、「五〇対五〇」というところにあります。その解決方法は、もし、どちらか、比率が上がってきたものがあるならば、それは現時点からも、さらに比率が上がるものですから、迷わずに、そちらを選べばいいのです。また、ずっと五〇対五〇のまま推移しているのであれば、それは、どちらをとってもいい、という結論になります。

ヨーロッパのある牧場で、羊が一匹、山小屋の中で餓死していた、という話があります。餓死はしていたのですが、実は、その山小屋の中には、干し草が山のように積まれていました。ただ、その羊にとって不幸だったのは、入り口の右側には、羊の大好きな干し草が少しだけあり、入り口の左側には、あまり好きではない干し草が山のように積まれていた、ということでした。

つまり、こういうことです。その羊は、右側の好きな干し草の前に行こうとしましたが、考えました。「このおいしい干し草を、あるだけ食べたとしても、まだお腹が空く。それなら、向こうのたくさんある干し草を食べた方がいいだろうか」と。そして、今度は、左側の干し草の前に来ました。

が、「このおいしくない草を、腹一杯食べるよりは、やはり、おいしい草をあるだけ食べてしまった方がいいのではないか」と思い、また右側の草の前に行きました。しかしここでもまた迷いました。「この少ない草を食べても、まだお腹が空く。その後に、まずい草を食べたら、もっとまずく感じるだろう……」と、そのように考えたかわかりませんがとにかく、その羊は、干し草が山のように積まれていた山小屋の中で、なんと餓死していたというのです。

この羊にとっては、右側の干し草と、左側の干し草が、本当に五〇対五〇の価値だったから、迷ったのです。それこそが「悩みの本質」なのですが、五〇対五〇であれば、どちらをとっても良かった。その人にとって、同じ重さ、同じ価値なのだから……。

もし、羊にとって、その干し草が四九対五一であったなら、五一の方をとったに違いありません。そうしたら、その羊は餓死することはなかった。餓死をするくらいなら、どちらを食べても良かったのです。

人間の「悩み」や「苦しみ」というのは、「迷い」から生じています。今の羊の話は、笑い話のように聞こえますが、実は、私たちも「迷える羊」。山小屋の中で餓死した羊と、同じようなことで悩み苦しんでいるのかもしれません。

依存

アドバイスを受けても、決めるのは自分

「自分探し」のところ（219ページ）でも、少し述べましたが、たくさんのセミナーや講演会に出かけたり、人の話を聞いたり、たくさんの本を読んでいる人は、少なくないと思います。特にこのような本を手にする方は、そういうものに大変興味を持ち、常に向上しようとしている人たちに違いありません。

そういう、たくさんの人から情報を得、勉強をしているときに、**「この人の話や考え方が自分には合う。共鳴できる」と思える人に出会うことがあります。その人に会い、その人の考え方や価値観を、自分の中に取り入れていくことは、とてもいいことです。**しかし、一歩間違うと、その人に過度な「依存」をしてしまうということがあります。

中村天風《なかむらてんぷう》という人がいました。この方は、自分でガンを克服した人で、「心というものをきちんとコントロールすれば、ガンをも克服することができる」と唱えました。その教えを

受けた人というのは、政治家や財界など、日本の指導者層の、かなり多くの部分に及んだと言われています。現在も、その天風先生の教えを受けた方々は、日本の要所要所に、かなりいらっしゃると聞いていますます（その方々が集まって「天風会」という会が作られ、護《ご》国寺《こくじ》には「天風会館」という建物があるくらいです）。

あるとき、その天風先生が、ある女性からこう言われたそうです。「先生にお会いしてから、私は運が開け、いろいろなことがとても良くなりました。おかげさまで、ありがとうございます」と。そのときに、天風先生が考えたことは、「自分に出会ったことで、運が良くなったと言われて悪い気はしない。けれども、そういう考え方なら、自分に会ったために運が悪くなったと思う人もいるかもしれない。私は『天風先生に会ったおかげで、自分でものを考え、判断できるようになりました』と言ってもらえる方が嬉しい」ということでした。

これは、何かの記事で読んだものでしたが私も、全くその通りだと思いました。

ある人の話を聞いて、「自分の感性にピッタリくる。だから、この人にいろいろなことを相談しよう」と思うのはいいのです。しかし、それが、細かいことから何もかも、全て相談して決めるようになってしまうと、それは少し違うと言わざるをえません。

本来は、**その人（自分の感性に合う人）の考え方や哲学、主義、信条、思想の中から、自分が共鳴できるところを学びとり、自分の考え方を作り上げ、自分で全てのことを理解し、判断し、処理できるようになる。**ということが、一番の理想なのです。

お釈迦《しゃか》様が「死の床」にあるときに、十大弟子の一人・アーナンダ（日本語では阿難尊者《あなんそんじゃ》と言います）が、涙をはらはら流していました。お釈迦様が目を開けて、「アーナンダよ、そなたはなぜ、涙を流しておるのだ」と聞くと、「私の師匠である釈迦牟尼《むに》（お釈迦様）が、今まさに死なんとしています。これが悲しくて、涙を流さずにおれましょうか」と答えました。すると、釈迦は、かなりきつい口調でこう言ったというのです。

「アーナンダよ、そなたは今まで私の下《もと》で、何年修行をしてきたのだ。私の肉体が存在するということに、依存してはならない。私が生きているということに、依存してはならない。私が今まであなたがたに説いた法（教え）を、闇の中の光として、生きていきなさい。私の肉体に依存するのではなく、私が教え説いた理法を、糧として生きていきなさい」と言ったのだそうです。

アーナンダは、その言葉を聞き、「お師匠様、私が未熟でございました」と謝り、釈迦は「うむそれで安心した」と、にっこり笑って亡くなっていったということです。

また、こんな話を聞いたことがあります。

あるところに自他ともに認める〝名家〟がありましたが、その家族は、ある占い師にとても依存していたのだそうです。財産の運用や不動産の問題から、子供の結婚相手のことなど、全てにわたって、その占い師にお伺いを立て、言われた通りにしていました。ところが、あるとき気がついてみると、家の財産の全てが、その占い師に横領されていたのだそうです。その家族は全ての財産を失い、やむなく故郷を捨てることになったということでした。もちろん今は、皆さんしっかりと生きておられます。

いろいろな人の話を聞いたり、教えを受けたりするのはいいことです。それによって自分が触発され、様々なことに気がつく、ということは、非常に重要なことです。しかし、本来自分が判断しなければならないことまでも、その人に依存し、判断してもらい、結論を出してもらうというのは、アドバイスしている側の人間からしても決して望ましいことではありません。

たくさんの人の意見を聞く、謙虚である、と同時に、最終的には自分で判断するということが、必要であると思います。

二重人格

クヨクヨしたときは「正反対の生活」をしてみる

一九九六年の春ごろだったと思うのですが、アメリカの心理学研究チームが「理想的な二重人格の青年を発見した」というニュースを、喜びをもって発表しました。

二重人格というのは、全く異なる二つの人格を持つことです。ちょっと違うとか、差があるというレベルではなく、同じ人には思えない全く異なる人格を二つ持つのが「二重人格」。日常生活に支障をきたす場合が多いので治療の対象になることがあり、そういう中でアメリカの心理学研究チームがこの〝理想的〟な青年に出会ったらしいのです。

「理想的な二重人格」というのは、「A人格からB人格に移行するとき、あるいは逆のB人格からA人格に移行するときが、ほぼ完全に予測がつく」ということだそうです。A人格からB人格に切り替わるときがほとんど予測がつきしかもその通りになるのなら、いろいろな現象が把握できる。それで、「理想的」と呼んだようです。

アメリカの心理学研究チームは、その研究の過程で以下のような現象を発見しました。A人格の青年は「オレンジジアレルギー」を持っていたのだそうです。A人格のときは、オレンジを食べてもオレンジジュースを飲んでも、必ずアレルギーが出ました。ところが、B人格のときは、オレンジジアレルギーは出ない。

そこで、アメリカの心理学研究チームは、人格の移行時にオレンジを食べさせたら、オレンジジュースを飲ませたら、どうなるか、と考えました。

A人格からB人格に移行する三〇分ほど前にオレンジを摂取すると、A人格である青年は、当然のことながらアレルギー症状を呈します。それが、B人格に移行した瞬間に、アレルギー症状がさっと消えるのだそうです。

逆に、B人格のときの青年は、オレンジを食べてもアレルギー症状を呈さないのですが、B人格からA人格に移行する三〇分ほど前にオレンジを食べさせたりオレンジジュースを飲ませたりすると、A人格になった瞬間に（まだオレンジが胃の中にあるため）アレルギー症状が出る、ということがわかりました。

アメリカの心理学研究チームはその結果に愕然《がくぜん》とした、といいます。

というのは、西洋医学的、近代的な医学では、「体は体、心は心」でした。人格が、なんであろうと、その体が病気であれば病気、だったのです。

ところが、この青年の例に見られるように、「病気」はどうやら「人格」と連動しているらしい……。

西洋医学のエキスパートであるこのアメリカの心理学研究チームには、「体の病気に、実は、心＝人格が深く関係している」ということは、認めにくいことであったかもしれません。

ですが、例えば、一〇〇歳以上の長命の人に、「長生きの秘訣《ひけつ》はなんですか」と聞くと、「腹八分」とか「酒を適度に」とかの答えのほかに、ほとんど必ずといっていいほど返ってくる言葉があります。「クヨクヨしないこと」という言葉です。

いろいろなことを苦にしないこと、引きずらないこと、落ち込まないこと、心配し続けないこと……、そういうことを全て含んで「クヨクヨしない」ことがどうも体の健康にいいらしい（長寿・長命につながっているらしい）のですが、「クヨクヨしない」ということはとりもなおさず、「心が健康」でもあるということでしょう。

「心が健康」であれば、「体も健康」になりやすいらしい（＝病気をしにくい＝長寿・長命が保てるらしい）のです。

すでに何か病気を抱えている人の立場でも考えてみます。

それまで「実務一辺倒」のモーレツビジネスマンであったなら、ちょっと生活を変えて、「読書家」になってみる、などというのも方法です。休みの日は仕事疲れで寝るだけ、というのをやめて、森林浴や軽ハイキング、サイクリングなど、アウトドアに足を踏み入れてみる。カラオケが不得手、あるいは大嫌いというような人は、逆に、毎日のようにカラオケに通ってみる……。

「今まで考えたこともない」という生活を、取り入れてみるわけです。一言で言うと「二重人格的な生活をしてみる」。よく知っている人が、「まさか……。嘘《うそ》でしょ」と叫ぶような、そういう〝正反対の生活〟を、してみる。

もちろん、二重人格的生活といっても、社会に害を及ぼすようなことや犯罪的なことは話の外であることは言うまでもありません。

ディスコに行ったことがない人なら、カツラをかぶり若作りをして、若い人の中で同じように踊ってみる……。まさに「二重人格」的な時間を自分の生活に取り入れてみるのです。


「人格が病気を作っている」（らしい）のですから、自分が今まで否定してきた人格、対極

に位置する人格を（他人や社会に迷惑をかけない範囲で）演じてみる。

それまでの生活でガン細胞を増やしてきた人なら、そのときはガン細胞の増殖はストップするかもしれません。

ずっと休むことなく増殖を続けてきたガン細胞が、たとえ一週間に一時間でもその歩みを止める、ということになればすごいことなのです。

それが、週二時間になり、週三時間になり、週一〇時間になり、ついには一日の半分になったりしたら、もうガン細胞はその増殖を続けることはできなくなってしまいます。

〝理想的な二重人格〟の青年のおかげで判明した、「不思議」だが「おもしろい」事実。

その〝理想的な二重人格〟の青年は、これからもきっと、たくさんのことを教えてくれることでしょう。「心と体は一体」ということを……。

人のパワー

「エネルギー」のある人の共通点

ある宿で、スタミナとか体力、タフさなどの話になりました。

「小林さん、タフですよね」と、その宿のオーナーが言います。「夕べも四時間くらいしか寝ていないわけだし、その前も三時間だというし……。そのタフさの源はなんですか」と聞かれました。

睡眠時間が少ないことを話題にするのが目的ではありません（ちなみに、四時間睡眠でもつにはもっていますが、常時睡眠不足ですから、たまに寝られるときに一〇時間くらい寝ることもあります）。

話は、その〝タフさ〟の話ではなく、〝タフさの源〟の話です。

私は、今までの精神世界の研究の結果、日・月・火・水・木・金・土の七種が人に元気を与える、との結論を得てきました。日＝太陽の光、月＝月光、火＝炎、燃えている火、水＝水。激しく動いている水ほどエネルギーが強い。滝が一番で、温泉もいい。木＝樹木、林や森の中。金＝ゴールド、土＝土。整地されているより荒れ地の方がいい。そこを裸足で歩く。砂も同じ。砂丘や砂浜もいいようです。

そういう〝自然〟が、人に元気やパワー、エネルギーを与えているらしいのですが、最近、もうひとつ、大きな別の〝パワーのルート〟があることに気がつきました。

それは「人」なのです。人は「人」によって、パワーやエネルギーを充電されるらしいのです。

「元気な人」「明るい人」「前向きの人」「向上心を常に持っている人」「今やっていることに自信を持っている人。ただし、それによってうぬぼれたりせず、謙虚さを保ち続けている人」「今まで積み重ねてきた体験をベースに、人格に深い魅力や奥行きを持っている人」「ひとつのことを何年も何十年もやってきている人」などです。

こういう人に会い、お話を伺っていると、不思議に元気になるのです。何時間、何十時間話していても疲れず、疲れないだけでなく、どんどん〝充電〟される気がします。

「そういえば、今日、昼食に入ったお店は、五人ほどの店員さんが皆ニコニコしてテキパキしていて、元気。投げやりで無気力な人は誰もいませんでした。その店を出てきたときは、私もとても元気になっていました」と私は言いました。

「宿や店は、もしかすると、従業員の〝元気さ〟が、客を元気にしているかもしれません。〝元気〟な人たちからは〝元気〟をもらう。逆に、投げやりで無気力な人たちにはこちらの〝元気〟を吸いとられてしまうような気がします。あの宿に泊まるとなんとなく元気になるとか、あるいはこの宿ではシュンとして元気が出ずに帰ってくるとか、そんなことがありそうです」

そういう話をしていたら、その宿のオーナー（社長）は真顔になりました。従業員は八〇名ほどの宿なのですが、

「うちの従業員はそこまで行っていない。施設や設備はある程度のものを作って利用者に評価されているが、従業員の元気さや明るさというものは考えてこなかった。〝元気〟や笑顔が、当面のうちの課題になりそうです」とのことでした。

もちろん、これは「従業員だけ」の問題ではありません。従業員に「できるだけ明るく、元気に」と呼びかけても、会社自体が楽しいもの、おもしろいものにならなければ、従業員の笑顔は実現しないでしょう。同時に、会社が楽しく明るい雰囲気を心がけていても、従業員一人一人が〝元気〟の大事さを理解し、実践しなければ、訪れた人をゲンナリさせ、

元気を奪いとってしまう。会社なら会社の、全員一致の〝方向づけ〟が必要なようです。

相手にお渡しできる、分け与えることのできる「人の気のエネルギー」、その源（元のもの）を、古くから「元気」と呼んできたのかもしれません。

スリランカの悪魔祓《ばら》い

「いい友人」を持てば、病気は出て行く

スリランカは以前「セイロン」と呼ばれていました。インド最南端の沖に位置するセイロン島を中心とした、セイロン紅茶などで知られる国です。

先日、ある友人と久しぶりに会いました。

前日、彼は二〇人ほどの仲間と、「スリランカ式悪魔祓いの儀式をしてきた」というのです。と言ってもスリランカまで行ったわけではなく、彼の住所である京都の地で行われたのですが。

理性的で思慮深く、多くの友人・知人から信頼されている人ですから、「妙な宗教ではないでしょうね」と、私は笑顔ながら心配をして尋ねました。

「いや、はじめは私も変な宗教だったら嫌だと思っていたんですが、内容を聞いて大丈夫そうだから、安心して参加したわけです」

彼が笑顔で説明をしてくれたのは、以下のようなことでした。

スリランカでは、病気は悪魔が入り込んだもの、ということになっているのだそうです。そして、**悪魔が入り込むのは「孤独だから」と考えられている**のだとか。

悪魔祓いの儀式とは、すなわち「孤独」の追放のための儀式、ということでした。

ある病気をある人間が背負ったとします。もちろん、歩けないとか外に出られないという人を呼び出すのは、論外です。そんな「儀式」をすることでますます症状が重くなるような病気の人を、むりやり連れ出したりしてはいけません。そんなことは全く常識外です。

ただ、自宅療養や食事療法で改善される病気も少なくありません。

実例を挙げれば、糖尿病とか、低血圧とか高血圧、慢性肝炎、神経痛、リウマチなどが、自宅療養も可能な〝慢性病〟でしょう。軽い風邪なども含むでしょうか。

「儀式」は、二〇人ほどの友人でその〝病人〟を囲み、歌を歌ったり踊ったりするのだそうです。

「ちょっと恥ずかしいには恥ずかしいのですが」と、その友人は照れていました。スリランカでは数時間続くこともあるらしいのですが、京都の場合はその〝儀式〟は三〇分ほどだったとか。

それが終わると、「さあ、そろそろ我々の仲間に戻ってらっしゃい」ということで、病人は（真ん中に一人いたのが）二〇人の輪に加わる。

「これで君はもう孤独ではない。多くの仲間がいる。見守っている」ということになって、病人は「孤独」から救われ、ひいては「悪魔」からも救われた、ということになるのだそうです。

この話は大変興味深いものでした。

「悪魔」の話はともかくとして（悪魔がいる・いない、存在する・しないに関係なく）、**「孤独」が病気の元であり「孤独」を癒やせば病気が治る**、という考え自体がおもしろい。

例えば、友人が病気になったとします。医者ではない私たちは、その人の病気には直接的には手が出せないと思い込んでいたように思います。

「こんな食べ物がある」とか「こんな療法がある」というようなアドバイスをすることはあるにせよ、自らその人の病気に対して具体的に何かをする、できる方法があるとは、考えていなかったのではないでしょうか。

京都の彼も、その病気の友人のために「直接的」なことができる、と聞いて喜んで参加したのだとか。

「友人というものを改めて認識させてもらいました」とのことでした。

「君は孤独ではないんだよ」と感じさせること、「いつでもたくさんの友人がいるのだ」と感じてもらうこと、それこそが「病気」を追い払う大きなエネルギーになるのでしょう。

ある人は「いつもの三原則」ということを言いました。

「いつも考えていなさい」

「いつもいい友人を持っていなさい」

「いつも実践しなさい」

というものです。

いつも自分の中に強い決意と意志を持っていないと、この三つはなかなか実現できません。考えていなくても、忘れてしまってもなんとなく日常的にできていた、というのは相当な人で、一般的には、ちょっと気をゆるめると、忘れてしまいます。

「いつも考える」とは、「人生とは」「人間とは」「自分はなんのために生まれてきたのか」「宇宙や生命の本質とは」「自分は今、社会に対して、宇宙に対して、何ができるのか」「何が使命か」「何が役割か」など。

一言で言うなら「哲学」。「PHILOSOPHY」(フィロソフィー＝哲学)とは「知恵を愛する」という意味。「哲学」というと随分遠いもののように思えますが、「知恵を愛する」、つまり「考える」だけでもう「哲学」というわけです。

それと並んで「いい友人を持っていなさい」というのですから、かなり重要な、大事なことだと言えるでしょう。

「いい友人を持つ」には、自分の不断の努力や意志や決意が必要です。「いい友人を持つ」とは、自分も「多くの人から友人になり、友人でいたい」と思われることでもあるのです。

スリランカの悪魔祓いの儀式をやってもらった人は、きっと幸せだったに違いありません。

そこに集まった二〇人の友人にとても好感が持てました。こんな温かな友人に囲まれていたら、どんな病気もどんどん良くなりそうな気がしました。

第2章

「幸せを感じる人」の共通点

タテヨコ不変

いつも、誰に対しても態度を変えない人

いろいろな人と話をしていて、よくこんな質問をされます。

「結婚相手はどんな人を選んだらいいでしょうか」

「結婚するには相手のどんなところを見たらいいのでしょう」

もちろん、人にはそれぞれの好みがあり、「嫉妬」という概念のひとつとっても、嫉妬してほしくない人と、逆に嫉妬してほしい人と、好みが一八〇度違う場合もあるわけですから、一概には言えません。が、私なりの「見るべきポイント」がいくつかあります。

基本の条件として、人生の中に「求めているもの」「目指しているもの」が同じ、というのはどうしても必要です。

「求めているもの」「目指しているもの」を大別すると三つ。「もの」「地位や名誉」と、「人格向上」です。「もの」あるいは「地位や名誉」を目指している人同士なら、相手選びはそ

んなに難しいことではないでしょう。「豪華な車や家」あるいは「早く係長になる、早く課長になる」ことなど、「求めているもの」が外からも見えるのですから。

難しいのは三番目、「人格向上」です。別の言葉で「魂磨き」と言ってもいいかもしれません。「人格向上」（魂磨き）を目指して生きている人は、相手にもそういうものを求めている場合が多いでしょう。ですが、何を見たらいいのか、「心」の問題だけに、とても難しい。「私はこういう人格を目指している」との言葉だけでは、本当に同じ「人格向上」「魂磨き」を志しているのかどうか、わからないのです。外からは見えませんから。

冒頭の質問は、その〝第三の相手〟を見つけたい人たちからの質問でした。

で、そのときの私の答えが、**「タテヨコ不変」**というものなのです。

「タテヨコ不変」だけではわかりにくいと思うので、ちょっと解説をしましょう。

「タテの不変」とは、一〇年ぶり、二〇年ぶりに会っても、同じ笑顔、同じ親しさを保ち続けるということです。仮に、二〇歳のときに親しい友人であったとしましょう。一〇年経ち、二〇年経ちすると、年齢的にも、社会的にも、それなりの〝立場〟を背負うようになります。私の高校の同窓生に、県の副知事をしている男がいるのですが、いつ、どこで会っても、全く〝偉そう〟ではありません。時間を経過していても、友としての親しさは変わらない。これが、「タテが不変」です。自分がどんな社会的〝立場〟を背負っても、「偉そう」になったり、「威張ったり」「横柄になったり」しないことは、とても大事なことに思えます。

同様に、「ヨコの不変」を考えてみます。

「ヨコの不変」とは、今の自分をとりまいている人に対し、同じ態度、同じ笑顔を示す、保つ、ということ。相手の立場や身分によって態度を変えないということでもあります。目上の人や同僚に丁寧に接している人なら、目下の人にも、出入りの業者（この「出入りの業者」という表現自体が好ましいものではありませんが、あえて状況を鮮明にするために使いました）にも、同じ丁寧さで接したいところです。

職場で「ヨコの不変」を見ることができる場合はいいのですが、同じ職場でない場合はどこを見るか。

その場合は、以下の三点を見てみたら、というのが、私の提案です。

ひとつは「車を運転するとき」。

ひとつは「酒を飲んだとき（酔ったとき）」。

ひとつは「財力や権力を手に入れたとき」。

ふだんは静かで穏やか、平和でおとなしい人が、車を運転すると急に荒っぽくなるとか、シートを倒してひどく横柄な態度で運転するとか、近くの気に入らない車に「馬鹿やろう」と怒鳴るとか、そうした〝変身〟はかなりあるようです。しとやかな大和撫子《やまとなでしこ》だと思っていた女性が急に割り込んだ車に向かってひどい言葉を吐いたので、結婚生活が怖くなって婚約を解消した、という男性もいました。

酒を飲んで周りにひどく迷惑をかけた人が、「酒を飲むと自分がわからなくなる」「覚えていない」という場合もあります。

財力や権力がないときは穏やかで親切な人だったのに、それらを手に入れたら急に横柄になった、威張り始めた、というのも、よくある話です。突然、大金を手に入れると使ってしまう、生活が乱れる、濫費《らんぴ》する、というのも、同じことでしょう。

いつも心の中に不満を持ち、人に対して、社会に対して、敵意や憎しみ、敵愾心《てきがいしん》を持ち続けている人で、ふだんはそれをじっと心の奥底に隠し、なかなか人に見せない人がいます。出している人、表現している人はすぐにそれとわかるので、「どこを見るか」も「何を見るか」も必要ないのですが……。

敵意・憎しみや不平不満を「抑圧」している人、隠している人を、心理学では「抑鬱型」人格と呼ぶのですが、「抑鬱型」の人格も、上の三つの場面ではかなりはっきりと、出てくるようです。

ですから、この三つの場面で人格が変わる、という人の場合は、結婚して二人だけの生活になったとき、やはり「人格が変わる」と思って良さそうです。

もちろん、「人格が変わる」というのは、より優しくなるとか思いやり深くなるとか、そういう意味ではありません。

「横暴になる」「乱暴になる」「居丈高《いたけだか》になる」「偉そうになる」「怒る」「威張る」「怒鳴る」「からむ」「嫉妬する」「支配しようとする」というような方向への変わり方です。

三つに共通しているのは「自分の立場が強くなると、今までと違う〝偉そうな人格〟が出てくる」ということでしょうか。

「結婚前にはとても優しい人だったのに、結婚してからはひどい。どうしてこんなに変わってしまったのでしょうか。どうすればいいのでしょうか」と相談を受けることが少なくないのですが、「結婚前に、車を運転する、ハンドルを持たせると人格が変わる、酒を飲ませると人格が変わる、大金を持たせると人格が変わる、ということはありませんでしたか」と質問をすると、多くの場合、「確かにそうでした」との答えが返ってきました。

「全て」ではないのは、「車の運転を見たことがない」「上司との酒の席しか知らない」（二人きりで飲んだことがない）、「彼が財力や権力を持っていない」（持ったことがない）、ゆえに「わからない」との答えもあったため。

自分が有利な立場に立ったとき、急に態度が変わる（偉そうになる、威張る、横柄になる、尊大になる、傲慢になる、金使いや言葉使いが荒くなる、一人一人を尊重しなくなる）人は、「業《ごう》が深い」のだそうです。「業が深い」人は、その「業の深さ」を修正しに（この世に）出てきたらしいのですから、「業の修正」をしながら「喜ばれる存在になること」を目指すことになるようです。

「一〇年経っても二〇年経ってもどんなときでも（タテ）、年上に対しても年下に対しても誰に対しても（ヨコ）、どんな状況でも（ハンドルを持っても酒を飲んでも強い立場になっても）、同じ笑顔、同じ丁寧さを保ち続けること」、それが「タテヨコ不変」の意味。

もし結婚を考えようかという相手が、「タテヨコ不変」でなく、「タテ」も「ヨコ」も「大いに変わる」タイプの人であったら、この文章を読ませてみてはどうでしょう、それで気がついて、「自分は変わろうと思う」と言える人はすごい人です。

もし自分が相手によって態度を変えているようなら、これを機に、「不変」の路線に切り替えてみてはどうでしょう。克服できるようなら、「業があまり深くなかった」ということになります。

人格向上（魂磨き）の第一歩は、「〝タテヨコ不変〟人格」から始まるのかもしれません。

トップ営業マン

お金のためではなく「喜ばせる」ために働く人

ある自動車販売会社の営業部に、数年間トップの成績を続けている人がいました。営業所所長より高い報酬をもらっていたそうです。

業界誌だったか雑誌だったか、記者が彼を取材に行ったときのこと。

「どうしたらトップの成績を上げられるんですか」との質問に対し、「いえ、何もしておりません」というのが答えでした。事実、彼はその日一日、新聞や雑誌を見て過ごしていた、というのです。

それでは記事になりません。記者は翌日も足を運びましたが、彼はその日も一日中本を読んだり、同僚と喋《しゃべ》っているだけ。本当に「何もしていない」のでした。「営業」につきものの、歩き回ったり、電話をかけたりを、しない。ただ、頻繁に電話が鳴ってはいたそうです。

「表に見えない何か」があるに違いない。そう思った記者は、彼の周りを取材し始めました。そして、以下のようなことがわかりました。

彼は多くの家族・家庭と親戚のようなつき合いをしていたのです。

例えば、ある家の子供が高校に入った、大学に受かった、などという場合には花束を届けたり、お祝いを届けたりする。年ごろの若者がいればお見合いの相手を探してきたり、〝偶然〟を装って会わせたりする。

お年寄りが体の不調を訴えれば、そういう専門の好評な病院を紹介する。一家の主人や主婦には結婚記念日や誕生日のお祝いをする……。

子供でも、あるいは本人たちでさえも忘れているような日を、彼は忘れず、必ず祝いのカードや花を届けるというのですから、受けとる方の感激も小さいものではなかったでしょう。

私たちにもそういうつき合いをしている仲のいい家族がいくつかはあるものですが、彼の場合はそれが数百という数でした。その家族の人たちは、車を買い替えるときになると、必ず彼に電話をしてきたのです。平均的に車は五〜六年で買い替えられるものですから、彼のデスクの電話は毎日毎日、鳴り続けるということになりました。

電話が来ると、彼は、「じゃ、若い者をやりますから」と社員の若者を行かせ、相手の希望車種や色を聞きとらせるのですが、彼自身はほとんど車の話をすることはなかったようです。ときには「いやぁ、私は車のことはよくわからないので」と発言して、周りの人を大爆笑させたりしたらしいのですが、その発言はジョークではなく、〝本音〟であったのかもしれません。

この営業マンの話をある集まりでしていたところ、ある人が「それじゃあ、仕事が車のセールスでなくても一向に構わないじゃありませんか」と言いました。「その商品がなんであってもいいわけですよね」と言うのです。

私は、その発言をした男性に、「今、ものすごく重要な発言をしたのですが自分でわかってますか？」と聞きました。

彼は怪訝《けげん》そうな顔をして、

「そんな重要なことを言いましたか」と、キョトンとしています。周りの人が皆、こちらに顔を向けました。

「すごく重要なことを言ったのですよ。宇宙の方程式のひとつに気がついたと言ってもいいかもしれません。つまり、この人は車の販売でなくても良かったわけです。損害保険でも生命保険でもいいし、いわゆる営業とかセールスの分野でなくても、八百屋さんでも魚屋さんでも、クリーニング屋さんでもいい。何をやっても成功するでしょうね。ものを売っているのとは違うのですから」

「人格を売っている、ということですか」と、別の人が聞きました。

「**人格や人間性、あるいは、自分を売っている**、ということでしょうね。人格で勝負している、と言ってもいいかもしれません。その人は〝喜ばれる存在〟になってしまったのです。だから多くの人がその人に関わりたいと思うようになった。その家庭の〝主治医〟みたいになっているのだから、病気のこと、家族のこと、仕事のこと、なんでも相談が来たのでしょう。当然、車についてもその人に相談するでしょうし、結果として車も売れたということでしょうね」と説明しました。

この人が、〝営業〟のために、〝成績〟のためにやっている、と考えていたら、このやり方は続かなかったかもしれません。意欲も続かないでしょうし、それぞれの家庭が下心を見抜いて、嫌悪感を持ったかもしれないのです。

しかし、この人は、多分人が好きでおつき合いが好きで、本気で、本音で、自らの喜びで、一つ一つの家庭に関わっていたのではないでしょうか。

子供の成長も入学も、わがことのように、自分の家庭のことのように、嬉しかったに違いありません。この人の優れたところは、私たちのようにその相手が数家族というのでなく、何百という数の家庭に対して同じ温かさや思いやりを持てた、ということでしょう。

この人は、〝営業〟でも〝仕事〟でもなく、多くの人と単に楽しい〝おつき合い〟をしていただけ、だったのかもしれない。この人は楽しい日々を送っていたことでしょう。〝仕事〟ではなく、ただ毎日毎日、楽しく幸せな〝おつき合い〟をしていただけ、とも考えられるのです。

営業成績がトップだったのは〝結果〟でした。それら毎日の気配りに対しても、ああ疲れた、大変だ、と思うことはなくて、むしろ、こんな楽しく幸せに暮らしていていいんだろうか、ほかの人に申し訳ない、と思いながら生きていたのではないかと思います。

〝私は何もしていない〟との言葉は、やはり本音であったのかもしれません。

「仕事が思うように進まない」と思ったとき、この事例を思い出してみてください。原点は**「一人一人を大切にすること」「一つ一つを大事にすること」**です。

「忙しい」という字は「心を亡くす」と書きます。「忙しい」「忙しい」と言い続けて「一人一人」「一つ一つ」を大事にすることを、忘れているのかもしれません。

それができたら、さらにちょっと上乗せする。それは自分が「楽しい」「嬉しい」と思えることをです。ある洋服店経営者は趣味が釣りだったので釣り竿を店内に配置、そこに服を展示した（吊《つ》るした）そうです。そうしたら売上が飛躍的に伸びました。「楽しい」気分は確かに人に伝わるのです。

相手を大事にしていれば、きっと〝喜ばれる存在〟になることでしょう。そうなれば、どんな仕事でも楽しくこなせて、しかもいい結果が出るに違いありません。

相対性原理

うまくいかないとき、自分を変えられる人

人間関係が思うようにいかない、と悩んでいる人は多いようです。

人間関係というのは、基本的に「相対的」なものです。「相対的」というのは、固定的確定的なものではなく、いつも「動いている」ということです。

その相手との関係で、状況が決まってくる、それを「相対的」と言います。

その人間関係がうまくいっているときは、悩み苦しむ、ということはないので、何も述べる必要はないでしょう。

自分にとって「うまくいかない」、あるいは、「不愉快である」という人間関係がある場合、それを改善する方法は三通りあります。

ひとつは、「相手が変わる」こと、二つ目は「自分が変わる」こと、三つ目は、「両方が変わる」ことです。

人間関係で悩んでいるときは、ほとんど「相手に変わってもらいたい」とか「相手を変えよう」と思っています。しかし、これが一番難しいのです。

実は、人間関係というのは、一〇〇％のうちの七〇％くらいは、「自分が変わる」ことで改善できる。残り三〇％のうちの二〇％が、「相手が変わる」ことで解決ができ（あるいは、「相手が変わらなければ解決ができない」という表現を使ってもいいのですが）、そして、「どちらか一方だけが変わっても」状況が改善されない、という場合も一〇％ほどはあるようです。

全ての人間関係が、自分が変われば変えられる、というものではありませんが、**三分の二くらい（七割くらい）のケースは、自分が変わることで、改善されるように思います。**

人と人との関係

二度以上の「縁」に恵まれる人

以前に、ダライ・ラマの主治医グループと話をする機会がありました。そのとき、私は次のような質問をしました。

「あなたがたは、西洋医学を究めていますが、チベット仏教の中にある『輪廻転生《りんねてんしょう》』という概念と、西洋医学とは、どちらが優先するのですか」と。

それに対する答えは、「もちろん、輪廻転生は存在します。私たちが、今『ダライ・ラマの主治医』という、名誉ある仕事を与えられているのは、それまでの前世《ぜんせ》の『貯金』のようなものだと思っています。つまり、医者を何十回かやったことが認められ、今生《こんじょう》は『ダライ・ラマの主治医』をやらせてもらっている、ということです」と話したのです。

これを聞いていた人たちは、「なんと謙虚な考え方なのだろう」と皆、驚嘆していました。

「輪廻転生」というのが存在する、というのは、東洋哲学（中国やインド、古くは、日本の神道など）に、共通して見られる思想でした。

人間関係を大きく分けると、二つあると思います。

ひとつは、「縁のない人」。その人の存在すら知らない、という人です。

もうひとつは、「縁のある人」。これは、三種類に分かれるような気がします。

一つ目は、歌手や俳優のように、「存在認識」はあるが、生涯一度も会うことのない人。

二つ目は、一度だけ会うことがあり、顔を見たけれど、二度と会わなかった人。

三つ目は、二度以上会う人です。

「輪廻転生」の中で、「自分と非常に密接な関係を保っていく人」というのが存在するようです。

例えば、私の講演会に来てくださる方で言うと、一度だけの出会いで、それ以降全く縁のない方がいます。しかし、二度以上関わりのある方というのは、その後五回、六回……と、会う回数が増えていくのです。

釈迦の言葉に、「対面同席五百生《たいめんどうせきごひゃくしょう》」というのがあるとか。「対面」とは、面と向かうこと。

「同席」とは、席を同じくすること。このような関係になるということは、その人とはすでに、五〇〇回以上、同じ世で生きている、ということだそうです。

現在、地球上で確認されている、最古の人類の骨は、四〇〇万年前のものだそうです。私の研究では、人は平均四〇〇年くらいで一度生まれ変わるらしいので（丹波哲郎《たんばてつろう》氏は、一二〇年説ですが）、四〇〇万年の人類の歴史の中で、平均一万回、生まれ変わっている、ということになります。ただ、宇宙といろいろな交信をしている人に聞きますと、最古の人類というのは、約一億二五〇〇万年前に、宇宙から地球に移住してきた者たちだということですから、そうとするならば、人は、三〇万回以上も生まれ変われた、ということになります。

自分の身近な人（血縁関係のある人）に限らず、「他人」の中には、自分の価値観や人生観、思想と同じようなものを持っている人がいます。このような人たちは、どうやら同じような魂、近い魂を持った「仲間」と言えるのかもしれません。

ある僧侶の話によると、「親子は一世《いっせい》の契り、夫婦は二世の契り、上司と部下は三世の契り、師弟は七世の契り」なのだとか。

「世」とは、前世とか、今生とかの人生の回数を示します。「親と子」という関係は、一回の人生だけで終わるのですが、「師匠と弟子」というのは、少なくとも七回、そういう関係で、人生を繰り返す、ということです。

輪廻転生や魂のレベルで言うと、いわゆる血縁者とか家族よりも、師弟のような「他人同士」の関係の方が、密接で色濃いものがあると言えるでしょう。

しかし、ここで強調しておきたいのは、だからと言って、家族や血縁者との関係をないがしろにしていい、ということではありません。逆のことを言いたいのです。

つまり、私たちは一般的に、家族や血縁者は大切に思いますが、それ以外の人間を「赤の他人」と呼んで、区別しがちです。しかし、魂のレベルで考えると、家族であるかそうでないかの区別をつけることは、全く無意味であることに気がつきます。

「私」というものを中心にして、全ての人が等距離にいるのです。

同じように考えれば、**二〇年来の友人も、一年前に知り合った人も、今日初めて会った人も、皆、「私」という魂から見れば、全く同じ距離のところにいて、同じように大切な存在になります。**

その出会った人と、なんとなく気が合うとか、考え方が合致する、一緒にいると心が安らぐということがあります。そのような関係というのは、おそらく過去に何十回、何百回、あるいは何千回と、同じ時代を生きてきた「魂の仲間」なのでしょう。英語では「ソウル・

メイト」と言うそうです。

初対面なのに、何十回も会っているような親しさを感じる人がいます。そういう人と話をしてみると、たくさんの共通点が出てきます。例えば、出身地が同じであるとか、親の誕生日が同じであるとか、お互いの経歴が似ている……など。輪廻転生のデータやメッセージというものは、お互いをとりまく数字や言葉に色濃く示されているようです。

例えば、以前このようなことがありました。ある建築家の方と出会いました。私は昭和二三年生まれなのですが、その方は二二年生まれでした。ある喫茶店で、その方は二二番目の客であり、私は二三番目の客で、彼の隣に座りました。

そこは「サイキック（念動力）マジックショー」を見せてくれる店で、彼は「帰りの電車の都合があるので、五〇分しか時間がない」と言っていましたが、なぜかそのときは五〇分間、ショーが始まらず、私たちは待たされていました。「どんな内容のショーなのだろう」という彼の質問に対し、私がいろいろと説明しましたが、彼は半信半疑の様子でした。「私は研究家として、様々な現象を調べてきましたが、どうも超常的現象は存在するらしい」と言うと、彼は「あなたはそのようなことを本に書いていないのですか」と言うので、私は名刺を渡しました。

結局、ショーが始まらないうちに、彼は店を出ていくことになったのですが、まるで私と五〇分間話をするためだけに、その店に来たような格好になりました。

後日、彼は私の本を出版社から取り寄せ、また、私は彼のいる北陸《ほくりく》に招かれて、講演をすることになりました。そして、彼と話すうちに、いくつかの「共通点」がある、ということに気がつきました。

お互いに、小学校時代までは「下の名前」を訓読みで呼ばれていたのでイニシャルがM・Kだった。それが、中学に入ってからは二人とも、音読みされるようになりS・Kに変わった。彼の長男の名前が「正造《しょうぞう》」さんで、長女は「寛子《ひろこ》」さん。私の本名「正寛」の一文字ずつが入っているのです。大変な驚きでした。そこで私は聞きました。「まさか、奥さんの名前に『ひさ』の字はないでしょうね」と。すると彼は、「妻の名は『ひさみ』といいます」と言いました。なんと……私の妻は「ひさえ」というのです。

このように、全く信じられないようなプログラムが、そこここに隠されているのでした。

もうひとつ例を挙げますと、私の友人に、Iさんという人がいます。彼のお父さんの名前は「寛寿《かんじゅ》」さんで、弟さんは「正《まさし》」さんといいます。ここにも「正寛」の文字が出てきました。そしてお互いに、二人の娘の親で、Iさんの誕生日と私の長女の誕生日が同じ、という点でも共通していました。

Ｉさんは現在、ある有名な会社の情報事業の要人ですが、その会社の社長さんは、昭和二五年一月生まれの中央大学法学部卒。私は二三年生まれの中央大学法学部卒です。私の方が一学年年上なのですが、一浪しているので、その社長と私は、全く同じ四年間を、同じキャンパスで過ごしたことになります。

このように、「魂の近い」人とは、十重《とえ》、二十重《はたえ》に不思議なメッセージで囲まれているようです。

一度ならず、二度、三度と会う人とは、何か計り知れない「因縁」があるものです。そう思って、その一人一人と接していくと、大変おもしろく、また人生も奥深く、興味深いものになっていくことでしょう。

運命

「運ばれてくるもの」を大切にする人

人間関係のことについてひとつ述べたので、それに続けて「運命」と「宿命」について述べましょう。

「運命」と「宿命」という言葉は、混同して使われやすいのですが、**「宿命」とは「宿っている命題」のことを言います。**つまり、生まれながらにして、その人が背負っているもの。生年月日や性別、どんな親の下に生まれたか……など、今目覚めている意識（顕在意識）では変えられないものを言います。これは、実際には自分で全てプログラムして生まれてきているようなのですが、とりあえず、今私たちが生きている中で、自分で決定したと思えないことを「宿命」と言います。

一方、**「運命」というのは、「運ばれてくるもの」「運ばれてくる命題」のことを言います。**つまり、自分の意志で何かを決定できる、という状況のときに起きてくる「現象」を指します。

「運ばれてくるもの」というのは、大変おもしろい表現です。なんによって運ばれてくるのかというと、「運命」とは、「人」によって運ばれてくるのです。人生は、人との出会いによって組み立てられているらしいのです。

私たちは、一人一人を本当に大切にしているか、ということを常に考える必要があります。例えば、手紙をくれた人に返事を書こうと思いながら、つい書きそびれて月日が経ってしまい、いつの間にか、もう忘れてしまうということは少なくありません。同じように宅配便で何かを贈ってもらったとき、すぐにお礼状を出せばいいものを、「そのうちに」と思っていると、先方から電話があり「着きましたか」と聞かれることになる。

贈ってくれた人は、何もお礼状が欲しいのではなく、ただ届いたかどうか、確認したいだけなのです。ですから、「届きました。ありがとう」というお礼状を出す（あるいは電話をする）ことが、その人を大切にすることになるのですが、私たちは、ついついなおざりにしているような気がします。

一人一人を本当に大切にしているかどうかで、実は、その人の「運命」は決まってくるのです。「運命」というものは「人が運んでくるもの」。その、運んできてくださった人に

「感謝」し、「手を合わせる」、ということを続けていると、その人の人生は、「嬉しさ」や「楽しさ」「喜び」に満ちたものになっていくでしょう。

ですから、極端に言うと、「運命」には「運が良い」とか「運が悪い」ということはありません。実は、「運が悪い人」というのは、目の前の「運」（人）を見過ごしている（大切に思っていない）ということにほかなりません。一人一人を大切にしている人は、必ず良い「運命」を手に入れることができます。

「運」とは「人によって運ばれてくるもの」なのです。

こんなことがありました。何年か前から続いている私の話を聞く会があるのですが、ここ二年ほどずっと欠席だった男性から、突然電話がありました。「最近は、集まりはないのですか」と。

たまたま、次の集まりは、翌日行われることになっていました。しかも、行きの車の席が、ひとつだけ空いていたという事情もあり、彼は久しぶりに参加することになりました。

そこでゆっくり話す時間がありました。

連絡してこなかったのは「忙しかった」との理由でした。

参加しないのも参加できないのも、別に構わないのです。実際、忙しかったり、先約があったり、ということはよくあることですから。

参加するか、しないか、ということは大した問題ではありません。ただ、参加できないのなら、電話を一本入れれば済むことでした。それくらいの親しさはあったはずなのですが、彼からはなんの連絡もなかったのです。彼が集まりに来なくなってからも、「案内」は一年ほどは出していましたがなんの音沙汰もないため、この一年くらいは連絡をしていませんでした。それが、彼からの突然の電話で、「またあそこに集まる仲間と会って話をしたい」ということで、再会することになったのです。

なぜ、彼は久しぶりに連絡をしてきたのか……。

彼は、ちょうど仕事を辞めたところでした。「いろいろなことが、思うようにいかない」「自分は、ついていない、不運な人間だ」と思いながら辞めたそうです。そして、今までの人生もずっとついていなかった、と思っていたそうです。彼に「運命」ということの意味を話しました。つまり、**「運命」というものは、「人によって運ばれてくるもの」で、それを運んでくれる人は、「運んでいますよ」と声高に言うことはない。ただ黙々と、目の前を通り過ぎていくだけなのだ**……と。

しかも、その通り過ぎていく人数は、誰に対しても平等です。ただ、それをしっかり見ることができるかどうか、ということです。

「運に恵まれている人」というのは、別に次から次へと「好運がやってくる人」という人ではありません。一人一人を、とても大切にしている人なのです。人との「出会い」や「つき合い」を大切にしていくかどうかで、自分の将来が決まっていく、ということに気がつかなければいけません。

人を、一人一人を大切にしない人に「好運」はありません。つまり、いいものが運ばれてくることはないのです。逆に、**一人一人を大切にしている人（社会的な地位や身分というものには関係なく、人間一人一人を本当に大切にしている人）は、「好運」を手に入れています。**それは、金銭的、経済的にプラスになるということではなく、目に見えない「運の良さ」というものです。

「今まで自分は、運が悪かった」「ついていなかった」と嘆く人は、もしかしたら、一人一人を大切にしてこなかったのではないでしょうか。自分の日常生活を見直してみましょう。経済や、報酬、仕事というものに関わっていなくても、自分と縁のある人、出会う人、というのが必ずいるはずです。その一人一人を、できるだけ大切にしていく。そうすることで、今までにない「好運」な日々が展開していくことでしょう。

三つの知

「実践」と「謙虚さ」を大事にする人

仕事がら一年のうち一二〇日ほどを旅するのですが、最近は泊まる宿で、あるいは宿の近くの会議室などを借りて、二〇〜三〇人の人が待ち受けるようになりました。話をしたい、話を聞きたいと言ってくださる人たちです。

そういう人の一人から、こんな相談を受けました。

「超常現象、占星術、ＵＦＯ、神秘学、ユダヤの数霊学、人間の超能力などについて、たくさん勉強してきました。でも夫はそういうことにあまり関心がなく、私の方がたくさんのことを知っている状態になったと思います。で、ついつい、そんなことを知らないの、どうしてわからないの、という態度で夫に接するようになったのかもしれません。仲が悪くなって、今まで何を勉強してきたんだ、と言われました。どうしたらいいのでしょうか」と言うのです。

ご自身のお話の中にもう答えは出ていますよね、と私は答えました。**仲が悪くなった原因はここにある、しかもそれは自分のせいだ、とわかっているのです。九九％は解決しているようなものです。**

「三つの知」ということについて、話をさせていただきました。

人間には最低限の「知識」がどうしても必要です。知識なんかいらない、知識は邪魔だ、と言う人がいますが、それは第二・第三の「知」が身についていないときに言われるものなのでしょう。基本的には「知識」は人間にどうしても必要なものです。

第二の「知」は「知恵」です。梵語《ぼんご》（サンスクリット語）の「プランニャ」（パンニャ）を漢語訳するとき、玄奘三蔵《げんじょうさんぞう》はそれに「般若《はんにゃ》」の文字を当てました。「プランニャ」（パンニャ）とは「真理を明らかにし、悟りを開く、頭や心の働き」のこと。

日本ではそれを「般若の知恵」と呼び、般若＝智慧《ちえ》と意訳したのですが、「慧」の文字は現代では一般に使われず、現代では「恵」の文字で代用し、「智」も簡単な「知」に置き換えられました。現代語の「知恵」が「賢さ」とか「頭の良さ」などの意味で用いられている現状からすれば、般若＝智慧は、「叡智《えいち》」と表現する方が近いかもしれません。

私が考える「知恵」とは、「知識」をいかに日常生活に埋め込むか、実践するか、ということです。「実践」こそ「知恵」。「知っている」ことを「実践する」ことが「知恵」です。

以前、「おばあちゃんの知恵」という本が出版されましたが、生活の中のちょっとしたヒントやコツを集め、まとめたものでした。「生活に役立つ」という観点からすれば、この「おばあちゃんの知恵」は、私が考える「実践」、あるいは「日常生活での行動」という意味での「知恵」に近いものでした。

「日常生活」に「知識」を生かすこと、取り入れること、それを実践することが、私が考える「知恵」なのです。例えば、「一期一会《いちごいちえ》」という言葉は、「人と会うとき、一生涯での人と会うのはこのとき一度だけ、と思いなさい。それが生涯での最後かもしれない。それだけに、その一度、その一回が大事。その一回ごと、その人を、大事にしなさい」との教えなのですが、それを知っていることは「知識」。それを実践して初めて「知恵」と呼べるような気がします。**「一期一会」を実践するとは、目の前の一人一人を大事にし、大切に扱う、ということにほかなりません。「知ってはいる」が、それが「実践」できているかどうか。**

「知識」を豊富に持ち、それを日常生活で実践していけば、それなりに、賞賛され、評価されるようになることでしょう。ですが、賞賛され、評価はされても、それがすなわち「尊敬」され、「敬愛」されることにはなりません。

それが三つ目の「知」。「知性」です。

「知性」は、平たく言えば「謙虚さ」のこと。どんなに賞賛され、評価されても、決して威張らない、うぬぼれない、慢心しない、こと。

「実るほど　頭《こうべ》を垂れる　稲穂かな」という言葉があります。たくさんの実をならせた稲穂ほど頭を垂れる、という例えです。たくさんのものを身につけた人ほど謙虚で腰が低くなるものだ、というわけです。偉そうではないものだ、ということなのですが、社会的な評価や地位、身分、経済的優位性、あるいはほかの人よりたくさんのことを知っているなどに至ると、「謙虚さ」を保つのは難しい。自分が見えにくくなってしまうのです。よほど自分がしっかりしていないと、自分を見失います。

気がついたら、自分にとって大事な人たち、そういう人は往々にして耳の痛いことを言う人なのですが、そういう人を疎んじ、遠ざけ、去らせてしまう結果になりかねません。誉《ほ》められれば誉められるほど、賞賛されれば賞賛されるほど、頭を垂れる、これが、私が考える「知性」＝「謙虚さ」です。

二つの「知」に加えて三つ目の「知」。「知性」＝「謙虚さ」が身についた人は、多分「尊

敬」され、「敬愛」されることになるでしょう。

最初の話に戻ります。

私に相談された方は、「知識」は十分でした。それが過ぎるほどでもあったのでしょう。

その「知識」が過ぎて、「知識」を持たない夫を物足りなく思ってしまったらしいのです。

しかし、話を聞いてみると、そういう講習会やセミナーに出かけたいとき、いつも笑顔で「行っておいで」と言い、仕事から急いで帰ってきて子供を見てくれる、素晴らしい夫であったらしいのです。

たくさんのことを勉強し、知ってはいてもそれを実践していない人がいる。

一方で、何も知らないけれども笑顔で「実践」し続けている人がいます。

どちらが「実践者」ですか、と私は聞きました。

彼女の目に見る見る涙があふれました。一時間ほど嗚咽《おえつ》が続き、言葉になりませんでした。落ち着いてから、こう言いました。

「よくわかりました。私、帰ったらすぐ、ありがとうとごめんなさいを言います。そんな言葉、何年も言ったことがなく、忘れていました」

涙をポロポロ流しながらでしたが、笑顔でした。

私が旅から帰ってくると、手紙が来ていました。

素直に「ありがとう」と「ごめんなさい」が言えたのだそうです。夫は厳しいことも言わず、優しい顔で黙って聞いていてくれたそうです。素晴らしい人であることが再認識できた、幸せだ、と書いてありました。

宇宙のことや精神世界のことを勉強するのは、楽しいものです。けれども、逆に、知れば知るほど厳しい。というのは、「知る」ということは「実践」と同義語だからです。どんなにすごいことを知っていても、「実践」していなければ「知らない」のと同じ。いやむしろ、「知っているだけ」は、「知らない」よりも始末が悪いのかもしれません。

仕事も順調、人間関係もいい、健康も問題なく、睡眠も足りている。そんなときにニコニコしているのは誰でもできます。

しかし、仕事はトラブル続き、家では家族と喧嘩《けんか》をし、恋人ともうまくいかず、体も重たくて寝不足。そんなときにニコニコしていられるかどうかが、まさに「実践」なのです。

宇宙のことや精神世界のことを勉強し、そういう世界に踏み込み、その奥深さやおもしろさに目覚めてしまった。「知識」を得てしまった。引き返したくない。では、どうするか。

さらに進んで、第二の「知」＝「知恵」＝「実践」と、第三の「知」＝「知性」＝「謙虚さ」

とを、獲得してしまうことに、決めてしまうのはどうでしょう。

「三つの知」に向かって歩いていく自分自身を、あなたは、もっともっと好きになるに違いありません。

一事で万事

ひとつの「嫌なこと」にとらわれない人

私の話を聞いてくださった方からよくお手紙をいただくのですが、ある方のお手紙にこんなことが書いてありました。

――先日、あるスーパーマーケットに行き、トイレに入ったのです。そしたらそこに、「いつもきれいに使ってくださってありがとうございます」と書いてありました。「きれいに使いましょう」「きれいに使ってください」「汚さないでください」というような言葉はたくさん見てきましたが、こんなふうに書いてあるのを見るのは初めてでした。こんなふうに書かれたら、本当に汚せませんよね。実際、トイレはとてもきれいでしたし、皆さんも、きれいにと、心がけているようでした。――

というものでした。

ある宿で、「風呂は一一時までに入ってください」と書いてありました。

これより強い言い方をすると、「一一時以降の入浴禁止」、より柔らかい言い方をすれば、「風呂は一一時までご利用いただけます」となります。

三つを並べてみます。

「風呂は一一時までに入ってください」

「一一時以降の入浴禁止」

「風呂は一一時までご利用いただけます」

となります。

言っている内容は全く同じです。変わりありません。「一一時までが入浴可能」ということです。

「一一時以降の入浴禁止」と書いてあると、かなり不快です。

「風呂は一一時までに入ってください」というのは最も多いパターンで、よく見かけます。よく見かけるがゆえに馴《な》れてしまっていますが、〝命令的〟であることは同じです。事務的で冷たい。〝温かさ〟は感じません。

「風呂は一一時までご利用いただけます」となると、不快感どころか、なんとなく得した気分です。「そうか、一一時までも入浴できるのか」と思います。

もちろん、二四時間入浴可能なホテルには関係ありません。このように書いてあるのは、旅館や民宿、家族でやっているプチホテル、ペンションなどに多いのですが、その経営者や家族はそういうことに気がつかないようです。

泊まった宿で、そういう話をすると、「単なる言葉使いの問題で、大したことではない」と言う人もいました。私は「非主張・非対立・非競争」という生き方をしたいと思っているので、そう反論された場合はそれ以上の主張も説得もしないのですが、「単なる言葉の問題」ではないように思います。

その言葉の中に、「泊まってくださってありがとう」との気持ちがあれば、「一一時以降の入浴禁止」とは書けないでしょう。「風呂は一一時までに入ってください」とも書きにくいような気がします。

ある有名観光地で、ある蕎麦屋《そばや》に入りました。雨の日の昼食時。

四人がけのテーブルが四つほどと、小上がりの座敷に四人用食卓が四つほど。

満員になれば三〇名ほどが入れる蕎麦屋です。中にはすでに二〇人ほどの客がいました。食べている人が半分ほど、待っている人が半分ほどです。

入って、不思議な気がしました。シーンとしているのです。誰も何も話をしていない。四人がけのテーブルに座っている四人は、多分四人連れで来たのでしょうが、話をしていない。店中に会話がないのです。普通は、二〇人も人がいると結構店内がワーンとしているものですが、シーンとしている。

私の方も四人でした。テーブルが空いていないので小上がりに上がり、四人の食卓に着きました。私をこの店に案内した人が、メニューを私に差し出し、小さな声で言いました。

「どう思います？」

メニューを見て、驚きました。書きとったわけではないので（書きとってくれれば良かったと後悔しているのですが）、完全にその通りの言葉ではありません。ただ、趣旨は以下のようなものでした。メニューの前に、こう書いてありました。

「ここは蕎麦屋であって、喫茶店ではありません。お喋りをしたい人は喫茶店に行ってください。食べ終わったらすぐに席を空けてください。食べ終わっての無駄なお喋りはお断りします」

「店とトラブルが生じた場合は、正規料金の五割増し料金をいただきます。トラブルによって生じた問題は全て、お客様側の責任とします」

というのです。

シーンとしている理由がわかりました。

「食べ終わってからの無駄なお喋りをするな」というのですから、食べている人や待っている人は、お喋りをしてもいい、ということになります。しかし、誰も、どのグループも、お喋りをしていない。

多分、皆、このメニューを見て、これ以上ないというほどの「不快」を味わったに違いありません。「喋ってはいけない」から黙っているのではなく、「不快感」を必死に我慢していたのだと思います。早く食べ終わって出ていきたい、こんな店には二度と来ないぞ、という気持ちを制御するのには、腕組みして黙って待つしか、方法がなかったのでしょう。食べている人たちも同じ思いでいたと思います。

食べ終わった人たちは、誰も何も言わず、どのグループもそそくさと支払いを済ませて出ていきました。

誰もが、こんな蕎麦屋に二度と来たいとは思わないでしょう。しかし、ここは有名な観光地。

何も知らない観光客は、次々にやってきて、店に入ってくるのです。

だから、こんなメニューの断り書きがあっても、十分にやっていける……。

この蕎麦屋に、過去、嫌な客が来たことは間違いありません。食べ終わったにもかかわらず長話をし、次の客が待っているのに談笑し続けていた客がいたのでしょう。それで頭にきて、そういう客を排除するための「断り書き」を作った……。

そこまでは理解できます。

ただ、そういう嫌な客と、善良で常識的な普通の客とでは、後者の方が圧倒的に多いはずなのです。一〇〇〇人のうち、店の人が我慢できないほどの長居をする客は、一〇人いるかいないかくらいのものでしょう。

残りの「温かい客」「普通の善良な客」九九％に対して、一％の「嫌な客」向けの「断り書き」を用意している。一〇人の嫌な客向けの〝敵意〟と〝憎しみ〟が、ほかの善良な九九〇人に向けられているわけです。

もったいない、と私は思いました。どんなにおいしい蕎麦を打っても、これでは二度と客は来ない。**一％（一事）のために、九九％（万事）を敵にして食ってかかっている**、というのが、この店の姿なのです。

「一事が万事」（ひとつの行動がその人の行動の全てを示している、そこを見抜きなさい、という意味）に似せて言うなら、「一事で万事」。

「一事で万事を決めてしまう」こと。ちょっとした小さな出来事（嫌なこと）をもとに、社会全てに対して恨み、憎み、呪ってしまう……。そういう敵意にあふれた態度を、温かい人や親切な人にも日常的に示している……。

そういう馬鹿なことはやめよう、ということを言いたいのです。

電話に必ず不機嫌に出る男（私の仕事上の後輩）がいて、「どうしてそんなに不機嫌に電話に出るの？」と聞いたことがあります。不機嫌に「はい」というだけで、それ以上何も言わずに黙っている。名前も名乗らない。

その答えは、「よくいたずら電話がかかるんです」とのことでした。どれくらいの頻度でいたずら電話があるのかを聞いたら、その答えは「一年に一度か、二年に一度」というものでした。「その一年に一度のいたずら電話のためにほかの全ての友人の電話に対して、そういう不機嫌な出方をするんですか」と、驚いたものでした。彼にはいろいろな仕事を頼んでいたのですが、電話をするたびに〝不快〟な応対をされるものですから、結果として次第に疎遠になりました。ほかの友人も次第に疎遠になっていったようです。

この彼も「一事で万事」の人でした。

「嫌だ」と思う人や出来事は、感情的にはあることでしょう（「宇宙現象」としては存在しないようですが）。

しかし、そのわずかな「嫌なこと」を前提に、一年の、あるいは日常生活の態度を全て決めてしまっているわけです。「嫌なこと」を迎え入れないために、自分にとって大事な人に対しても、常時、最も警戒的、戦闘的、攻撃的な態勢をとっている……。

冒頭に書いたスーパーマーケットの経営者にも、トイレを汚されて嫌な目に遭ったことが何十度とあったに違いありません。が、それによって〝敵意に満ちた〟貼紙を書いたりはしませんでした。むしろ、「きれいに使ってくれてありがとう」という貼紙を書きました。

このスーパーマーケットの経営者は、「一事で万事」を決めることはしなかったのです。**きれいに使ってくれる大多数のお客様への〝感謝〟の方が、汚す少数の客に対する〝不満〟を上回っていた、そういうとらえ方をしていた、**ということでしょう。

嫌なことがあっても、「一一時以降の入浴禁止」と書くのではなく、「風呂は一一時までご利用いただけます」と書けるような、温かい心や柔軟な心が持てたら、と思います。

かんざけ
良かろう

言い訳をせず、行動で示す人

年末が近づくと、一度や二度は必ず「忠臣蔵《ちゅうしんぐら》」がテレビで放映されます。白黒の古いものから最近のものまで、どれくらいの「忠臣蔵」が作られたか、わかりません。「忠臣蔵」の名称のほか、「四十七《しじゅうしち》士《し》」や「赤穂《あこう》浪士《ろうし》」「大石内蔵助《おおいしくらのすけ》」などの題名でも作られていますから、どこかでは目にしていることでしょう。

いまさら説明の必要もないでしょうが、播州《ばんしゅう》赤穂・浅野《あさの》藩の藩主、浅野内匠頭長矩《たくみのかみながのり》が、江戸城《えどじょう》で刀を抜き、身は切腹、藩は断絶となります。赤穂・浅野藩の家臣は仕える家がない〝浪人〟になってしまい、それで「赤穂浪士」と呼ばれました。浅野家の家老であった大石内蔵助が周到に計画を立て、あだ討ちをしたために、「忠臣の内蔵助」で、「忠臣蔵」と言うのです。その討ち入り人数が四七人であったので、「四十七士」とも言います。

ちなみに、子供がかな文字を覚えるとき、「いろは」がその手本でした。四七文字を重ねることなく一度ずつ使って歌にしているところから、かな文字を書くときの例文に使われたわけです。平安《へいあん》時代中期以後の作というのが現代の学説ですが、鎌倉《かまくら》時代くらいからすでに、弘法大師《こうぼうだいし》（平安時代初期の人）の作と信じられていました。

色は匂へど散りぬるを　我が世誰ぞ常ならむ
有為の奥山今日越えて　浅き夢見じ酔いもせず

これを七文字ずつひらがなで書くと、

いろはにほへと
ちりぬるをわか
よたれそつねな
らむうゐのおく
やまけふこえて
あさきゆめみし

ゑひもせす

となります。

各文節の終わりの文字を読むと「と・か・な・く・て・し・す」と読めます。

「とが」とは「罪」のこと。

「罪なくして死んだ」（切腹を命じられた）という言葉が出てきたことと、その「いろは」が四七文字であったこと（浪士は「四十七士」だった）で、多くの人が不思議を感じたのでしょう。「仮名手本忠臣蔵《かなでほんちゅうしんぐら》」という演題名で、江戸時代後期には浄瑠璃や芝居にたくさん使われ、庶民は熱狂したのです。

その四十七士の中に、「神崎与五郎《かんざきよごろう》」という人がいました。浪人になって以後、美作屋善兵衛《みまさかやぜんべえ》と名乗り、吉良《きら》家の内情を探ったりしていました。

浪人になってからの神崎与五郎が、屋台で飲んでいたときのこと。

たまたま同じ屋台の隣に座り合わせた町人が、「言葉使いといい、物腰といい、手の竹刀だことといい、あんたはもとはおさむらいみてえだが、どこの国の人だね」と神崎与五郎に尋ねました。

「播州だが」と答えると、「なんだって、あの赤穂の、浅野家の家臣かあ」と町人は目をむきました。

「いったい、おめえさんたちは浅野の殿さんの仇《かたき》を討とうって気があるのか。俺たちは、必ず浅野の家臣は殿さんのあだ討ちをするって噂《うわさ》してんだが、一向にそんなふうがねえじゃねえか。えい、こらあ。臆病風にでも吹かれているんじゃねえか。いや、そんなはずはねえ。そのうちきっとやってくれるんだよな」と、神崎与五郎にからんだのです。

そのとき、確かに討ち入り準備は進んでいたのですが、「決して人には話さない」という固い誓いのもとで、誰にも話してはならないことでした。ましてや初めて会った屋台での男。簡単に喋るわけにはいきません。

「いや、主君のあだ討ちなど、誰もそんなことは考えていない」と、神崎与五郎は答えました。

「意気地のねえ話だ。誰も考えてなかったら、おめえさん一人でもやろうって気はねえんですかい」と、町人はさらにからみます。町人は酒が入っていて、興奮するばかり。

「もうそんな気はない。そんなことは忘れた。毎日食べるだけで精一杯」と神崎与五郎。

「へっ、意気地なしの赤穂浪人と知り合ったというだけで、いい冥土の土産になっちまった。おめえさん、名は？」

「神崎与五郎と申す」

「何い、かんざけ良かろう、だ？　俺が酒を冷やで飲んでいるからって、馬鹿にするんじゃねえやい」と、さらに興奮した町人は、酒の勢いも手伝って神崎与五郎の頭に、冷や酒をドボドボとかけました。

「それこそ、寒酒《かんざけ》も良かろう、だ」

悪態をついて、その町人は去っていきました。

屋台のおやじはどんな大喧嘩になるかと思ったのですが、神崎与五郎は静かに酒を拭き終わると立ち上がり、代金を払いました。「あいすみませんことで」と謝る屋台のおやじに、神崎与五郎は、ニコッと笑って、「そのうちわかってくれる」と、一言だけ言ったといいます。

吉良邸討ち入り後、四十七士は大名家に御預けの身となり、どの大名家でも大変丁重な扱いをされたのですが、討ち入りの約三カ月後、幕府から全員「切腹」を命じられ、遺体は芝高輪《しばたかなわ》（東京都港区《みなと》）の泉岳寺《せんがくじ》に葬られました。泉岳寺には今も四十七士の墓があり、詣でる人が少なくありません。

神崎与五郎も泉岳寺に葬られました。葬られてしばらくして、一人の町人が神崎与五郎の墓に詣でました。そして、地面に頭をこすりつけて「神崎さん、申し訳なかった。許してくれ」と号泣しました。あの「寒酒も良かろう」と酒をかけた町人でした。

町人は神崎与五郎の墓の前で頭を剃《そ》り、それから一生、神崎与五郎の墓の世話をする墓守として生きたということです。

神崎与五郎は言い訳をしなかった。弁解も、弁明も、しませんでした。

誤解されていることは辛《つら》いことですが、誤解されているときにいくら「そうじゃない」と言っても、通じないことがあります。そんなときには、これからの〃生きざま〃を見せることで誤解を解く、という方法があるのです。時間はかかるのですが……。神崎与五郎は「わかってもらった」のです。世の中は〃捨てたものではない〃のでした。

そんなつもりはなかったのに、ちょっとした言葉で人を傷つけてしまった、謝っても聞いてくれない、顔も合わせてくれない、という場合も、弁解や弁明をするという方法でなく、黙々と〃生きざま〃を見せる、という方法があるのです。すぐにはわかってくれないかもしれない。でも、いつかはわかってくれるかもしれない。そう信じてみたらどうでしょう。

世の中は、〃いつかはわかってくれる〃のかもしれません。そう信じられれば、そう信じる生き方ができれば、弁解や弁明が、随分減るような気がします。

正しい辞めかた

三つの「さ」を大切にする人

会社勤めの人に、「会社を辞めるときの話」をしようと思います。特に、今「辞めたい」と思っている人に読んでもらいたいものです。「正しい辞めかた」という話です。

実は、「どう生きるか」ということは「どう死ぬか」ということに等しい。

人間の死、二種類（「肉体の死」と「存在の死」）についてはすでにご存じのことと思いますが、もう一度説明すると「存在の死」とはその人が存在したことを誰もが忘れてしまったときに生じます。だから、釈迦もキリストもマホメットもプラトンも芥川《あくたがわ》龍之介《りゅうのすけ》も、まだ〝死んでいない〟。

〝存在〟を「忘れられない」うちはその人は「死んでいない」。

そうしたら、「どう生きるか」は、「どう死ぬか」（死）を考えることで、答えが出るわけです。

同様に、「辞める」ことを考えたとき、初めて「勤める」ことの意味がわかるのかもしれません。

どんな会社に勤めても必ず何度かは、そして誰でも、「辞めたい」と思うことがあるでしょう。そのときに、「喧嘩別れ」をするのはやめなさい、ということを言っておきたいのです。

「喧嘩別れ」をして辞めた人は、必ず次の会社でも「喧嘩別れ」をします。

〝喧嘩〟が早いか遅いかだけで、「喧嘩別れ」をする人は永久に（どこの会社でも）「喧嘩別れ」を続ける……。「今の仕事が、会社が、気に入らない」という人は、何カ所も会社を替わっている人が多いのですが、そこに気づく必要があります。

「転職するな」「転職を考えるな」というのではありません。ある会社に勤めているうちに、あるいは社会人として生きていくうちに、〝自分〟が見え、意外な自分の才能に気づき、新しい方向や分野が見える、ということもあるでしょう。そういう〝積極的〟で〝前向き〟な〝前進的〟な動機なら、「辞める」ことも「転職する」ことも勧めたいくらいです。

しかし、「喧嘩別れ」して辞めるのは勧められません。

仮に、ある人が三つの会社を経てきたとしましょう。そこの社員仲間や役員から信用され、今もつき合いが続いていれば、「応援団」を三つ持っているのと同じことになります。家族と同じかそれ以上の長い時間を共に過ごしてきた仲間なのですから、その仲間が〝あなた〟を知らないわけはありません。

三つの「さ」を覚えてください。「ひたむきさ」と「誠実さ」と「奥深さ」です。「ひたむき」で「誠実」な仕事ぶりであったなら、その会社を辞めても〝評価〟は残る。さらにもうひとつ、「奥深さ」があったなら、〝あなた〟は「おもしろい人」「魅力的な人」として、生涯ずっとつき合っていきたい存在になる。それは、同僚からも上司からも同じ。

「辞めたら」この会社に二度と来ないだろう、同僚とも上司ともつき合いがなくなるだろう、という状態であるのなら、「辞める」のは数カ月先に延ばし、「いい関係」になってから辞めるべきです。

「自分が勤めた会社」は全て自分の〝味方〟にすべきなのであって、〝敵〟にすべきではない。もともと、皆〝味方〟になるはずなのです。〝敵〟にはならない。「ひたむき」で「誠実」な人だったなら、です。

「良好な関係であるなら辞める必要なんかないじゃないか」と言う人もいるでしょう。一度は辞めようと思った人も、〝良好〟になれば「辞める必要がどこにあるんだ」と思うかもしれません。そう思ったら、仕事を続ければいいのです。

「仕事がつまらない」とか「自分には合ってない」とか言っていたのが、実は〝仕事〟の問題ではなく「人間関係」が問題だったことに気づいたということになります。

「ひたむきさ」と「誠実さ」と「奥深さ」について、さらに補足的な説明を加えましょう。

まず、「ひたむきさ」について。

帝国ホテルの重役・村上信夫《むらかみのぶお》さんは、厨房《ちゅうぼう》（料理人）から重役になった方（帝国ホテル初のケース）ですが、一六歳で就職したとき、「鍋磨き」から始まったそうです。全ての新人が、二〜三年は洗い場だけ、という厳しい世界でした。村上さんはそのとき、「日本一の鍋磨きになろう」と決意したのだといいます。

当時、調理用の鍋は全て銅製で、村上さんが磨いた鍋は鏡のように光り、人を写すほどでした。村上さんの鍋は本当にピカピカだったのだそうです。先輩の料理人は自分の味を盗まれないために、鍋には洗剤や石鹸《せっけん》をドンと入れて洗い場に送ってきたのだそうですが、それが、三カ月ほど経ったときに、「今日の鍋洗いは誰だ」「ムラです」「そうか」と、村上さんのときだけ洗剤を入れずに鍋が返ってくるようになったとのこと。ほかの人のときは相変わらず洗剤が入っていたらしいのですが、村上さんだけは鍋についたソースをなめることを許され、先輩の味つけをひそかに学んでいった、というのです。日本一の料理人重役の出発点は、ピカピカの鍋磨きから、でした。

もうひとつ。「女王」と呼ばれた美空《みそら》ひばりのこと。

美空ひばりのこんな話を聞いたことがあります。

「私は、レコーディングディレクターから〝こう歌ってくれ〟と言われたことについては、拒否したり、異議を唱えたことはない。そのディレクターがどんなに若く、歌の世界に未経験でも、要求されることは全てこなしたうえで、さらに上乗せして〝こうしたら〟〝ああしたら〟と提案して、より良いものを作ってきた。気がついたら〝女王〟と呼ばれていたけれども、要求されたことで〝できない〟とか〝嫌だ〟と断ったことはない。どうして〝女王〟と呼ばれるようになったのかはわからないが、少なくとも歌に関しては、私は否定的なわがままを言ったことはない」というものです。

私の友人にスタジオミュージシャン（レコード録音専門の楽器奏者）がいるのですが、彼に言わせると「美空ひばりのときはものすごく緊張」したのだそうです。それは、美空ひばりは「同録一発」だったから、でした。

「同録一発」の「同録」とは「同時録音」の略。「同録一発」とは、スタジオに楽器奏者を集め、一度に録音してしまうこと。現在の一般的録音方法はまずカラオケを作り、それを聞きながら（アイドル歌手などは）何十度も歌を入れて、いい部分をつなぎ合わせてトラックダウンする（一本にまとめる）のですが、「同録一発」は失敗ができないという点で、大変厳しい、真剣勝負の録音方法でした。

「美空ひばりはわがままで〝女王〟なのではなく、プロの歌手という点で、間違いなく〝女王〟だったのですよ」と、彼は言いました。

私が感心したのは「要求に応えなかったことはない」という言葉でした。**全ての要求に一〇〇％応えたうえで初めて意見や主張を述べる、という生き方は素敵です。**その考え方は私にも大きな影響を与えました（こういう場合、その人の思想や哲学、考え方、生き方が自分に影響を及ぼしている場合には、「美空ひばりは私の中に生きている」という言い方をします）。

「誠実さ」についても述べましょう。

ある会社の取締役と話していたときのこと。「遅刻」の話になりました。

「おもしろいんですよ。会社が八時半始まりのとき、よく遅刻してくるのがいました。〝もう少し遅くしてくれれば遅れない〟というので、その意見を入れて、八時四五分にしてみました。そうしたらやはり同じ人が遅れてくる。九時始まりになっても、この人は遅れてくるんです。つまり、どうも時刻の問題ではないらしい。遅れてくる人は何時になっても遅れてくるんです」

同様に、「不誠実」は、約束を守らない、すぐにキャンセルする、というところにも表れます。集まりの日を「この日でなければダメ」というのでその日に設定すると、「急用ができて行けなくなった」（〝急用〟を入れてしまった）ということも、同じ人が何度も繰り返します。

さらに、口にしたことを実行しない、昨日言っていたことと今日言っていることが違う、朝言っていたことを夕方にはひっくり返す（「朝令《ちょうれい》暮《ぼ》改《かい》」と言います）、ということも「不誠実」のひとつ。

つまり、**「誠実さ」とは、「対外的に口にしたこと、表明したこと、約束したことについて、できる限りの努力をする」ことでしょう。できそうにないこと、やる気のないことについては軽率に口にしない、ということもひとつの「誠実さ」です。**しかし、言った以上はその実現に向けて努力する。たとえ結果としてそれが実現しなくても、「誠実さ」は周りの人に伝わるでしょう。

「遅れる人はどんな時刻を設定しても遅れる」という言葉が、「誠実」ということの意味を、象徴的に語っているような気がします。

終わりに、「奥深さ」ということについて述べます。

結論を先に言いますと、仕事とは関係なくていいから「自分の世界」を持っていなさい、ということです。例えば、料理が得意、折り紙を折らせたらプロ級の腕、何か楽器ができる、書が上手、絵が描ける、鉄道に詳しい、雪の結晶の図を二〇種類描ける、園芸植物に詳しい、ＵＦＯマニアだ、アニメのことならなんでも喋れる、芸能界通である、俳句を作る、和歌を詠む、などなど……。「汲《く》めども尽きぬ〝泉〟を持っている」ということ。それについて話をさせたら一晩中喋ることができるという分野を持つことです。

ただし、詳しいといっても嫌われるものがあります。車やハンドバッグ、スキー用品、服、などの〝もの〟、それも高額の〝もの〟についての話です。往々にして自慢話になってしまうそういう高額の〝もの〟の話は、話せば話すほど嫌われます。私の言う「自分の世界」には入りません。「身につけるもの」でなく、「身につけること」を考えてください。

ほかの人がとても及ばないような自分の独自世界を持っている人は、「おもしろい」し「魅力的」なのです。そういうことをきっかけとして、「一目《いちもく》置かれる」ことになります。そういう世界を「二〇年」やり続けてみてください。

二〇年ほど経つと、どういうわけか、自分の〝仕事〟と自分だけの（奥深い）〝世界〟とが融合した新しい〝人生〟が待っています。「狭く、深く」の世界を、最低ひとつは持つこと。その「ひとつ」が人生の後半を組み立てることになります。

さらに、周りの人があまり知らないような広いジャンルでの知識や雑学を勉強してみてください。こちらは「広く、浅く」でいいのですが。

例えば、空に浮かぶ雲の種類を一〇種類、挙げられるでしょうか。今月今夜の「月齢《げつれい》」はいくつ、と、三〇秒で計算できるでしょうか（小学生にもできる簡単な計算方法があります）。そんな問いかけをしたら、大人から、「月齢ってなんですか」と聞かれて絶句したこともありました。

夜空の星や星座を教えてくれて、昼間は「長い飛行機雲は上空が湿っている証拠で明日は曇りか雨、すぐ消える飛行機雲は空が乾燥している証拠で明日も晴れ」と解説してくれるような人は、やはり「おもしろい」し「魅力的」なのです。高山植物に詳しい、野鳥や昆虫に詳しい、葉や樹皮や花でその樹木がわかる、海の生物に詳しい、それらについて楽しく興味深い話をしてくれる、などという人とは話していて話題が尽きません。そういう

「奥深さ」を感じさせる人は、ずっとつき合っていきたい人になる。たとえ〝退社〟しても、です。

〝辞めたい〟と思ったら、以上三点を満たしているかどうか、よく考えてみてください。三点を満たしていなければ、どこの会社に移っても同じことの繰り返し。辞めた会社は〝味方〟にはなりません。

面倒でも〝辞める〟ことを何カ月か先延ばしして、三点を充実させてください。そして、その会社の人たちを味方につけてから〝辞める〟ことです。

辞めてからも笑顔で「こんにちは」と訪れることができて、「やあ」と皆から笑顔で迎えてもらえる、そういう〝退社〟は素敵ではありませんか。

より大変

後悔したとき、難しい人生を選ぶ人

何人かで「生き方」「生きざま」などについて話しているとき、さほどの話ではないのにすぐ涙ぐんでしまう人がいました。事情を聞いたら、何年かつき合ってきた男性と、三日前に別れた、というのです。

さらに事情を聞きました。

それによると、その男性は何かの後遺症を持っていて、年を重ねるにしたがってその症状が重くなるのだそうです。それがわかっていて結婚するかどうかを、彼女はずっと悩み、考えてきました。

人の秘密に属することなので詳しいことはここで説明できませんが、結果的には、ついに別れたというのです。しかし、自分がとても勝手な気がして自己嫌悪に陥りました。心が晴れないといいます。

「もう決めてしまったのですね」と私は聞きました。

「はい。決めたんです」

「戻りたいんですか」

「いいえ、戻りたいわけではないんです。ただ、自分がとても嫌な人間に思えて……」

「戻りたくて苦しんでいるのではなく、そういう判断をした自分に苦しんでいるということなんですね？」

「はい。何かすごく冷たかったんじゃないか、自分勝手だったんじゃないかって」

「基本的に、もう決めてしまったことで後戻りもできない、後戻りもしたくない、そこを出発点に考えましょうか」

「はい」

「じゃあ、この先こういうふうに生きることにしませんか。〝あのとき彼と結婚していた方がずっと楽だった〟と思えるような、大変な人生を選ぶ」

この提案は、彼女を随分驚かせたようでした。

「もっと大変っ、て……」

「例えば、これから勉強し直して医者を目指す、看護師を目指す。大学に入り直して心理学を学び、カウンセラーやセラピストになり、悩み苦しんでいる人の心を救う。老人ホームなどいろいろな施設の職員になり、できる限りのお世話をする……。井戸の掘り方を勉強し、全世界の砂漠地帯に出かけていって命が続く限り井戸を掘る……。絵本の〝木を植えた男〟のように一人で数十万本の木を植える……。音楽の勉強をしてその曲を聴いたら元気になり幸せになる、そういう曲を一〇〇〇曲作る……。その絵を見たら心が安らぎ平和な気持ちになる、そういう絵を一〇〇〇枚書く……。まだ言いますか」

彼女も明るく笑いました。

「もういいです。よくわかりました。それにしてもよくそんなに次々に出てきますね」

「常日ごろ、私自身が〝大変だろうな〟と尊敬と敬意を持って見つめている仕事を挙げただけです。そういう〝大変なこと〟を自分で背負い込んだらどうです？　あの人と結婚していた方がずっと楽だった、と、思えるのではないですか」

彼女はその後、誰もが大変と思う仕事を選び、誰もが驚くほどの忍耐心と頑張りを見せました。「肉体的には大変だけれど、彼に対する後ろめたさや申し訳なさは消えました」とのことでした。

自分で自分が許せないように思ったときは、より過酷な条件を自分に課してみる……、そ

うすることで問題は解決し、さらに宇宙（周りの人）が喜んでくれるなら、悩んだことがむしろ良かったと思えるに違いありません。

第3章

人間関係の悩みがゼロになる

テーマ

「やらなくてもいいこと」をやり続ける

数年前、親しい数人の友人たちとスキーに行ったときのこと。

そのスキー場はあまり有名ではなく、さらに平日でしたから、随分空いていました。上の方は雪質も良く、同じリフトで上っては滑り下り、上っては滑り下りしていたのですが、私に（スキーの）「アドバイスが欲しい」とずっとついて滑っている青年がいました。

私は二〇年ほどのスキー歴があり、彼は二～三年目。年齢も二〇歳ほどの差があり、そのときは自然に、私が彼のスキーの〝先生〟になってしまっていたようです。

技術的に遠すぎてもダメだし、同じ技量では教わる意味はない。スキーの〝先生〟としては、格好の〝先生〟だったのかもしれません。

それでも、私と同じように滑るのはちょっと厳しかったのではないかと思うのですが、私の方でも途中で待ったりして、彼もそんなに離れることなく、ついて滑っていました。

一緒に何本かリフトで上っては滑り下り、そのあとでまた頂上に着いたときに、私は彼にこう尋ねました。詰問したわけではなく、笑顔でです。

「テーマを持って滑ってる？」

「えっ」彼は小さく声を発しました。

「テーマ？」

「テーマを持って滑ってますか？　一回滑るごとのテーマ」

「えー、滑るのにテーマがいるんですか」

「上手になりたいんですよね？」と私。

「はい。もちろんです」と彼。

「じゃあ、一回ごとにテーマを持って滑りましょう。今回は谷足に重心をちゃんと乗せようとか、ストックをちゃんと突こうとか、前に体重をかけようとか……。漫然《まんぜん》と滑ってませんでしたか？」

彼は虚を突かれたようで、二〜三秒の沈黙のあと、

「何も考えずに滑ってました」と言いました。

「そうでしょう。テーマを持って滑っているようには見えませんでした。

リフトを一回上って滑るごとに自分でテーマを決めるといいですよ。そうすると、格段に早く上手になります。スキーなんて別に上手にならなくてもいいのだけど、上手になりたいのなら、漫然と無目的、無テーマで滑るのでなく、一回ごとにテーマを持つ方がいいです。テーマを持って滑っても漫然と滑っても、かける時間も費用も同じなんだし」

ははは、と二人で笑って、彼は、

「なーるほど」

このときの彼のうなずき方は「本当にわかったんだなあ」と思わせるに十分なものでした。

「スキーは人生と同じなんです。常に〝テーマ〟を持つこと。漫然と過ごさないこと」

と言い置いて、私は滑り始めました。

「そうか、スキーは人生と同じだったのか」とつぶやく彼の声を背中で聞いたのですが、どんな〝哲学的〟な顔をしていたのか、見なかったことが、とても悔やまれます。

スキーに来て、「スキーは人生と同じ」と言われたら、私だって目を白黒させたに違いありません。

〝哲学的な顔〟が見られなかった残念さはともかくとして、人生にはまさに「テーマ」が必要な気がします。漫然と生きないこと、です。漫然と、テーマなしに生きるには、人生は長すぎます。

ただし、誤解のないように書き加えますが、ここで言う「テーマ」とは、周りから与えられたものや義務的なものを指し示しているのではないのです。学業や仕事で「これをせねばならない」という状況でも、「must＝ねばならない」と考えている間は、私が言う「テーマ」ではありません。「大学受験の勉強を頑張りなさい」と言われ、「仕方がないので、嫌だけどやっている」というのは、ここで言う「テーマ」には当たりません。

「やらなくてもいいこと」を自分に課すこと。それが私の言う「テーマ」です。

同じことをやっていても、「仕方がないからやっている」のは「漫然とやっている」ことにほかならないのです。

ある有名な禅宗の寺で三泊四日の「座禅体験会」があり、私の友人が参加しました。座禅体験の感想はそれなりに興味深いものだったのですが、私が最も興味を持ったのは次のようなことでした。

そのときは一〇人ほどの参加者だったそうです。解散のとき、数人の若手雲水《うんすい》（修行僧）が「何か質問があれば、どうぞ」と、質疑応答がありました。

いくつかの質問のあと、中年の女性が、「一番辛《つら》い修行はなんですか」と尋ねました。数人の雲水は互いに顔を見合っていたそうですが、「私が答えてよろしいですか」という一人の雲水が進み出ました。

「ほかの方はわかりませんが、私自身のことでお話しします。ここは冬はとても厳しい寒さで、冬の朝の寒さはとてもこたえます。当番で朝の鐘を撞《つ》くとき、もちろん素足で足袋はありませんし、日も昇っていない。一回撞くごとに石の上に座り、礼拝《らいはい》します。肉体的にはこれが一番でしょうか。でも本当に辛いのはそんなことではありません」

参加者が皆身を乗り出したそうです。

「私たち修行僧には掃除の担当が決められていて、ある人はこの廊下、ある人はこのお堂というように、割り当てられています。しかし、その掃除を見にくる人、チェックしにくる人はいないんです。その廊下はまる一日使われないこともあるし、誰が見てもきれいで、今日掃除をしなくても、誰にもわからない。つまり、さぼっても手を抜いてもいいわけです。掃除していないことが上司や先輩にわかったとしても、誰も何も言いません。怠けても構わない。そういうときの〝怠け心〟と戦うことが、私にとっては一番辛いことです。誰かが管理し、見にくる、チェックしにくる、怒鳴ってくれる、というシステムの方が、ずっと楽なんです。**人が見ていなくても〝仏は見ている〟。**でも、人間だから〝怠け心〟や〝ごまかし心〟がいつも立ち上がってきます。でも、仏様は見ています。この心の葛藤、自分との戦いが、自分にとっては最も辛い修行です」

私はこの話を聞いて、「その雲水はすごい人だ」とうなってしまいました。多分、本音だったに違いありません。それを「最も辛い」と認識していること、その分析の見事さに加えて、人前で（しかも仲間の雲水もいるところで）そんなことが話せるということ。

〝憎〟としてのテーマを自分なりに強く深く認識しているということでもあるからです。

同じような例で、つい最近青年海外協力隊から帰ってきた友人の話も、教えられるものでした。

多くがそうらしいのですが、発展途上国では電気が不意に止まったり、水が出なくなったりするのだそうです。すると、その日予定していたことが全てできなくなる。

しかし、そういう条件下でもできる仕事はある。上司は現地国の方だそうですが、私の友人は日本から技術を教えに行ったために、〝上司〟から命令を受けたり指示されることはなく、結局自分で、その日何をするかを決めなくてはいけなかったとか。

はじめのうちは「なんとかしなくちゃ」と、全てのことに力が入っていたらしいのですがそのうち「できること」と「できないこと」があることに気がついた、といいます。できないのに頑張っても体が壊れるだけ。ただし、「その見極めが一番難しい」。

というのは、「これはできない。無理」と宣言してしまえば、しなくていい。「怠けようと思ったらいくらでも怠けられる」。

「本当に無理なのか、自分の怠け心なのか、その見極めがとても難しかった」というのです。

先ほどの雲水の話にあまりに似ていて、とても驚きました。

「しなくてもいい」という状態に置かれて、「自分の意志で何をし続ける」か。
それこそがここで言う「テーマ」なのです。

「テーマ」にもいくつかの種類がありそうです。スキーの話も雲水の話も「今取り組むべき課題」。「短期」のテーマと言えるでしょうか。

この人生をどう生きるか、何を残していくか、というのは「中期」のテーマでしょう。

さらに、魂（足立《あだち》育朗《いくろう》さんがおっしゃる「エクサピーコ」）が何千回、何万回と生まれ変わって追い求めていく「長期」のテーマも、一人一人にきっとあるに違いありません。

その三つのテーマに気づくことが、私たちの人生を味わい深いものにしてくれるような気がします。

賞賛貯金

ツイている人やものに接する

よく「四字熟語」の問題があります。時代に合った四字熟語を、というようなコンテストもあるようですが、そういうときに「賞賛貯金」という四字熟語はどうだろうと思います。もちろんコンテストに入るようなユーモアに満ちたものではなく、こういうキーワードで覚えておいてほしいという意味での四字熟語です。

わかりやすいので、多くの人から継続的に評価を得続けてきた「絵画」を例にとりましょう。例えば洋画ではルノワール、ゴッホ、ピカソなど、日本画では狩野探幽《かのうたんゆう》、俵屋宗達《たわらやそうたつ》などを考えてみます。

美術館や寺院で実物を目の前にするとき、写真やビデオで見るときとはどこか、何か違います。複製写真や模写も違う。複製写真などは技術が大変に向上していて、絵の具の凹凸まで復元・複製できるほどですが、それでも何か違うのです。それを長年とても不思議に思っていました。実物に接すると〝元気になる〟という感じがあるのです。

もしかすると、賞賛を浴び続けたものには、エネルギーが貯まっているのではないでしょうか。絵が上手だとか、きれいに描けているとか、そういうことで感じるものとはちょっと違います。ただ、その絵や作品に協賛し賛同する人がいる、その絵に賞賛を与えてきた人がいる、そういう人が多かった、というものは、その賞賛を〝貯金箱〟のように蓄えているのではないでしょうか。私たちはそのエネルギーをそれらの作品から逆に浴びるのかもしれません。**賞賛を浴び続けてきたものは「賞賛」を「貯金」のように貯めて、パワーやエネルギーの塊にしているような気がします。**

例えば二〇%の食塩水と一〇%の食塩水とを同量混ぜ合わせれば、一五%になる。八〇度のお湯と二〇度の水を同量混ぜ合わせれば五〇度になります。エネルギーの高い方から低い方へエネルギーは流れるわけですが、その原理は「賞賛のエネルギー」にも当てはまるのかもしれません。「賞賛」を浴びてきたものは多くのエネルギーやパワーを持っている。それらが私たちに流れ込んでくるのかもしれません。それで元気になる。

賞賛を浴びてきたもので言えば、彫刻や刀剣、陶器や漆器、仏像や神像、建物や建築物など、美術品や芸術品もそうでしょう。

話を広げて、高い山やきれいな形の山、大きな木など、自然に存在するものにも当てはめてみます。例えば富士山は、すごい、素晴らしいと〝賞賛〟を浴びてきました。累計で言うと、何億人どころか、何十億の人から〝賞賛〟を浴びてきたかしれません。「二つとない素晴らしい存在」なので「二つならず」（不二＝ふじ）と呼ばれたわけですが、日本では三角形のおむすび型の山を、富士山同様「かんなびやま」（神なびている山＝神がかっている山）と呼び、敬ってきました。

大きな木や高い木、形のいい木なども、きっと多くの賞賛を浴びてきたはずなのです。〝御神木〟や〝巨木〟には神霊が宿るといわれてきましたが、これも「すごい」「素晴らしい」と言われ続けた結果としてものすごいエネルギーを宿していると考えれば、〝神霊〟の存在もあながち否定することはできません。そのエネルギーやパワーの蓄積が、人にパワーを与え、元気にし、直面している問題を解決するための方法やアイデアを与えてくれるものだとすれば、〝神霊〟ととらえても結果的には同じことだからです。

「すごい」「素晴らしい」と言われ続けてきた建築物があり、仏像や神像があり、その境内には数百年の樹齢を刻む〝御神木〟や〝巨木〟がある、という点で神社やお寺はすごいパワースポットなのかもしれません。

今度は人間で考えてみます。**〝賞賛〟されてきた人はやはりパワーやエネルギーをたくさん〝貯金〟しているのかもしれません。**

船井幸雄《ふないゆきお》さんは「ツキの原理」＝「ツキを呼び込む方法」のひとつとして、「ついている人のそばにいなさい。そういう人とつき合いなさい」と書いています。賞賛されてきた人はパワーやエネルギーを、たくさん貯めているわけで、その人の近くにいれば当然「高いエネルギー」を浴びてこちらも、より高くなるのでしょう。

逆に、**素敵だ、素晴らしいと思ったときは、遠慮なく相手を賞賛することです。その人はエネルギーを貯めてどんどん元気になるはず。**

先日こんな出来事があったそうです。

寝たきりだった青年が、両親の〝賞賛〟を半年ほど受けていたら、目が開き、手足を動かし、言葉を発し、ついには元気になって退院したというのです。「あなたは人に優しい子だった」とか「頑張り屋だった。今も頑張っていてすごい」とか「小学校のときにはほかの人が感心するほど鉄棒が上手だったね」とか、そういう〝賞賛〟を続けたのだとか。

〝賞賛〟には、寝たきり状態の人を元気にするほどの〝奇蹟的《きせきてき》〟パワーが隠れているようなのです。

ジョージ・クラベルの世界

競わない、比べない、争わない

「『身長が二メートルの人』と、『体重が一〇〇キロの人』と、『足が三〇センチの人』では、誰が一番『大きい』でしょうか」という質問を、私はよくします。正解は、比べられない、答えられない、です。

全く違う基準のものを、比べたり、競争させたり、評価することは、もともと無理な話なのです。

これは子供の教育にも多分、当てはまることなのですが、数学が好きな子、体育が得意な子、あるいは裁縫が上手な子、など、いろいろな個性があるでしょう。

そのような中で、何かに優れているからといって、その子供が、ほかのどんな子供よりも優れている、とは言えません。

それと同じように、人それぞれに皆、個性や持ち味があって、人と比べることはできないのです。

そのように考えると、**自分が、隣の人やほかの人、一般的な社会の人に対して、あれこれと比べることには、意味がありません。**

「ジョージ・クラベル」というのは、漢字で考えるとよくわかるのですが、「常時比べる」ということです。

「常時比べる」の世界から離れること。人間の幸せのひとつは、自分をほかと比べないことです。自分は自分。ほかの人にはない優れたものを、人間は必ず持っています。

それを、全体的な評価として、AさんとBさん、あるいは自分と誰かとを比べる、ということは、もともと意味のないことでしょう。

それでは、努力をしなくてもいいのか、自己研鑽《けんさん》を積まなくてもいいのか、という質問にもなるのですが、そうではありません。

実は、自分が理想とする人格や、努力の目標は、どんなに高く設定しても構わないのです。さらに、その目標を前にして、自分がどれくらいの立場にいるのか（どれくらい到達しているのか）、ということについては、どんなに自分の位置を低く考えても構わないのです。

自分が理想とする人格や生き方、考え方に向かって、毎日努力し、自己研鑽を積む、ということは、自分の中の問題（自分との戦い）であって、他人と比べることではありません。

自分自身が、その頂点に向かって、どれほど登っていくか、ということです（これを私は「ジコトザン・ノボリヴィッチ」＝「自己登山登り道」と呼んでいます）。

「ジョージ・クラベル」（常時比べる）の世界からは、なるべく離れることが必要ですが、逆に、「ジコトザン・ノボリヴィッチ」（自己登山登り道）の世界には、できるだけ近づき、その中で生きていく、というのはどうでしょうか。

良い子、悪い子

「悪い人」ほど新しい発見ができる

「ジョージ・クラベルの世界」の話（131ページ）に関連して、「良い子」「悪い子」ということについて述べましょう。

親が、よく子供に対してしてしまう過ちのひとつに、自分の子供と、ほかの子供とを比べて「ここが劣っている」とか「できが悪い」というような言い方をすることがあります。このようなことがなんの意味も持たない、ということは、先に「ジョージ・クラベルの世界」のところで述べました。

もうひとつ、親が子供に対して気をつけてほしいことに、「良い子」「悪い子」という点があります。

「良い子」というものの定義は、一般的な意味で言えば、先生の言うことをよく聞く子（先生の言う通りにする子）、親にとっての「良い子」とは、親の言うことをよく聞く子（親の言う通りにする子）です。

逆に、「悪い子」というのは、先生の言うことを聞かない子（先生の言う通りにしない子）、親の言うことを聞かない子（親の言う通りにしない子）です。

今、まさに老衰で死にかけている親の立場から、子供を考えてみます。

親の言う通りにしない子、親の言うことをなかなか聞かない子、というのは、自分にとって不満だったかもしれませんが、逆に死ぬときには、安心して死んでいけるのです。なぜなら、**「悪い子」（親の言う通りにしない子）というのは、自分の考え方や、自分の価値観で生きてきた子供だからです。**

一方で、「良い子」を考えてみます。「良い子」というのは、先生の言うことや、親の言うことを、全て聞き入れてきた子供です。ですから、親に「こうしなさい」と言われたことには、素直に従ってきたのですが、親がいなくなってしまったら、果たして自分の考えで生きていけるのだろうか、と思ったとき、親は不安になるかもしれません。

つまり、「悪い子」の方が、親としては、本当に安心して死んでいける、ということに気がつきます。

もちろん、ここで言う「悪い子」とは、人に迷惑をかける、とか、自分の欲しいものを得るために強盗を働く、というような意味での「悪い子」ではありません。「先生や親の言うことを聞かない子」をそのように定義しているわけで、人に迷惑をかける、というのは「良い子」「悪い子」の範疇《はんちゅう》には入らない、全く別のジャンルの話です。ですから、『悪い子』を認めなさい」と言っても、人を脅したり、暴力的であったり、社会に迷惑をかけたりするような子供までも、「それでいい」と言っているわけではない、ということをご理解ください。

先日、次のような相談を受けました。

二〇歳の大学生の娘に、母親が、「三〇万～四〇万円の振り袖を作ってあげる」と言ったところ、「そんなお金があるのなら、私は振り袖はいらないから、アメリカに留学する費用として、それを現金でください」と言ったのだそうです。「親として、普通に、常識的に育ててきたつもりなのに、どうして、あんな変わった娘になってしまったのだろう」ということでした。

その母親の友人で、同じような悩みごとを言う女性がいました。その人の大学四年生の息子は、「卒業したら、就職はしないで、世界の国々を旅したい。半年くらい、一人旅をしたり、どこかに住み込んで働いてみたり、そういうことをやりたい」と言ったのだそうです。その母親は、「普通に就職して、普通に働いて、普通に暮らしてほしいのに、どうしてこんな子になってしまったのだろう、どうしたらこの子を直すことができるだろうか」と悩んでいたのです。

私は、この二人の母親に同じ答えをしました。「不肖の娘や息子どころか、大変素晴らしい教育をしたと思います。素晴らしいお子さんに育てられましたね」と申し上げたのです。

私は、教育の専門家ではありませんが、多分、**教育の本質というのは、「みんなと同じことをする子供にすること」ではなく、「自分でものを考え、その結果、自分で自分の行動や生活、生き方を組み立てていけるようにすること」であると思います。**

普通に就職をして、普通に恋愛（あるいは見合い）をし、結婚して、子供を育て、そして普通に死んでいく……というのは、親にとっては確率的に（大多数の中の一員なので）非常に安心である、という意味にはなります。しかし、それは、子供の人生に対する価値観とは、違うかもしれないのです。

例えば、「振り袖はいらないから、それを留学の費用にあててほしい」とか、「普通の就職をするのは嫌だ。世界を周遊してきたい」と言う子供を育てた、ということは、素晴らしい教育をしたことにほかなりません。その、大学四年生の男性について、もうひとつつけ加えておけば「旅にかかる費用は全部、自分がアルバイトで稼ぐから、どうか好きなようにやらせてほしい」と申し出たそうです。「こんな素晴らしいお子さんを持って、どうして胸を張って『私は素晴らしい子を育てることができました』と言えないのですか」、と私は半ば感嘆しながら、その母親に言いました。

また、このことには後日談があるのですが、家に帰った母親が、私から聞いた話を息子に伝えたところ、彼は「お母さんが、そういうふうに考え方を変えるのは大変だろうから、何も変わらなくていいよ」と言ったそうです。今まで通り、口うるさく、心配をし、「普通の子供になってくれ」と言う母親でいい、自分は自分の生き方でやっていく、ということなのだそうです。この話を聞いたとき、私はその母親に「本当に素晴らしい子育てをなさいましたね」と再度感嘆したものでした。

大変おもしろいことに、**人類の文化や文明に寄与した人、ある発明や発見をした人、あるいは文学や芸術やスポーツ界に足跡を残した人、というのは、ほとんどが「悪い子」だった**、という事実があるのです。

例えば、エジソンは小学校時代、学校に行かず、母親を悩ませたらしいのですが、彼は毎日納屋にこもって、機械を分解しては、それをまた組み立てる、ということをしていました。そして、ある日、何かの拍子で屋根から落ちて頭を強く打った彼は、突然、発明をするようになった、ということです。

そういう「常識にとらわれない子」というのは、日本の「均一」「均等」な人間を作る教育（優秀ではあるが、集団からは突出しないような「非個性的」な人間を作る教育）の下では、歓迎されてきませんでした。

日本は、明治以来、富国強兵の名の下で、重工業や工業の、非常に高いレベルの生産工場を作るため、高学歴で優秀な人材をたくさん作ることを目指しました。確かに、その結果としては成功したのですが、個性的で、自分の考えを自分の中に確立する子供、というのを作らないようにしてきたように思います。

そのため、親は、その「没個性的」なものが正しく、「個性的」なものは間違いである、というように信じ込んできたのではないでしょうか。

人類の文化、文明は、「良い子」が作ってきたのではなく、「悪い子」が常に作ってきたのです。

「悪い子」というのは、今の文化、文明の中に「もっと改善の余地があるのではないだろうか、これが究極のもの・完結したものだとは言えない」と思い、いつも分析をし、そし

て自分なりのより良いものを考え、提案している、そういう人間だと思います。

逆に「良い子」というのは、良い学校を出て、一流企業や官庁に入り、「その社会の中」で、ずっと、良い待遇を受けていく、ということになるのでしょう。

ですから、今あるシステムや道具を批判したり、改善したりする方向に「良い子」が働く、ということは少ないのです。「悪い子」は、今のままではいけないのではないか、もっと改善できるのではないか、こういうことも考えられるのではないか、というところから出発していますので、新しい文化や文明の担い手になるのです。

全く一〇〇%というわけではありませんが、人類の文化・文明は、いわゆる「悪い子」がほとんどを作ってきた、と言っても過言ではありません。

「教育の本質」というのは多分、「平均的」な「一般的」な子を作ることではなく、「自分の価値観で生きていく」子を作ることであり、そのように子供たちを教え育んでいくこと、ではないのでしょうか。

モチベイション

「やらされる」より、「やる気になる」方が成長する

教育の話が出ましたので、それに関連して「モチベイション」の話をしましょう。

あるところで話をしていたときに、三二人の参加者のうち、八人が、中学か高校の先生だったことがあります。

話の本題が終わって雑談になったとき、私はその先生方に、こんなことを言いました。

「自分が中学生や高校生だったときに思ったことですが、方程式や単語を、生徒に教えることももちろん大切だったのでしょうが、先生からは、『なぜ数学という学問はおもしろいのか』『どうして英語というものに興味を持ったのか』『なぜ美術に惚《ほ》れたのか』という話を本当は聞きたかったのです。『この学問は、こんなにおもしろいところがある』『こんなに学問というものはおもしろい』という話をしてほしかったのです」と言いました。

フランス語にモチーフ（motif）という言葉があります。これは日本語で「動機」と訳し

ます。motivateは「動機づけする」「やる気にさせる」という意味です。このmotivateを名詞にするとmotivation（動機づけること、やる気にさせること）になります。

私は、その先生方に**「教育を考えるときに、このmotivateということを、大きく取り入れていただきたい」**とお願いしました。

例えば、数学の先生や英語の先生をしている人、あるいは美術の先生をしている人、というのは、その学問が嫌いであったはずはありません。それが好きであったからこそ、その教師になったはずなのです。

そうであるならば、「なぜその学問が好きになったのか」「どんなおもしろさや深さがあるのか」を話すことによって、生徒にmotivate（動機づけ）ができるかもしれません。

この話を聞いていた先生のうち、Eさん（九州《きゅうしゅう》の美術の先生）が、後日談を話してくれました。

私の話で、「自分の『教育』というものが目覚めた」と言うEさんは、自分が高校時代美術に興味を持つようになったそもそものきっかけは、「正多面体」だったことを思い出しました。そして家に飛んで帰り、高校時代から大事にしている（しかし今は埃《ほこり》にまみれて押し入れの奥に隠れている）「正多面体」などの資料を引っぱり出してきました。そして、本棚に何十年も差したまま、読むこともなかったその関連の本をも出してきて、自分がなぜ美術に興味を持ったのか、ということに、もう一度取り組んでみたのです。

さらにそれを、自分の授業にも持ち込んだのだそうです。

Eさんは「今まで自分は、生徒の顔を全く見ていなかった」と言いました。

しかし、そのことがあってからは、生徒の顔を見て授業をするようになり、Eさん自身が楽しく教えている、ということに気がつき始めました。

自分が「なぜ美術に興味を持つようになったのか」ということを、同じように生徒に向かってメッセージを伝え始めたわけです。

そうしたところ、生徒たちが目の色を輝かせてきた（Eさんの言葉で言うと「食いついてくるようになった」）のだとか。

また、Eさんは、古い本を取り出してきて勉強するのはもちろんなのですが、本屋（あるいは古本屋）へ行き、本を探して買う、ということが大変楽しくなったとも言いました。

つまり、そうして自分が勉強し直したことを生徒に教える、ということが楽しくて仕方がない、ということでした。

Eさんは高校の（美術の）先生なのですが、受験勉強で一生懸命な生徒たちにとって、その授業は、「砂漠の中のオアシス」のような存在になったらしいのです。

さらに後日談があります。

Eさんが指導していた生徒たちが、クラス全員で大きな絵を描くことになりました。Eさんは、今では説教をしたり、叱《しか》ったりするということはほとんどなく、美術のおもしろさを説き、やる気を起こさせる（motivate）ということだけを考えて、楽しく、興味深い授業をしています。ですから、生徒たちも、いやいややる人は一人もなく、皆がやる気を持ってそれに取り組みました。

そして、その作品を、高校や、その他の美術展に出したところ、次から次へと入選していった、ということです。

ただし、この「入選した」というのは、Eさんの友人や知人から聞いた話で、私がEさんに直接聞いても、「そんなことはどうでもいいことで……」と笑うばかりで、はっきりとは答えてくれませんでした。

生徒に向かって、「なぜ勉強しないのだ」「なぜわからないのだ」というような、鋭い言葉を浴びせるよりも、その生徒をやる気にさせる、「なぜその学問が楽しいのか」ということを伝えていくことが、教育の大事な側面であるように思います。

例えば、英語で言うならば「『語幹』というものがあり、それにいろいろな接頭語や接尾語をつけると、たくさんの言葉（単語）ができる。だから『語幹』を覚えることで、一度にたくさんの単語が覚えられるようになる」というような授業をしてもらえたら、英語に興味を持つ生徒が、もっと増えるかもしれません。

数学についても同じです。

ある人が、「数学というのは、探偵小説に似ている」と言いました。『X』という『犯人』を想定し、その『X』が何者であるか、段々と範囲を狭めていき、最後には『特定』する、というのが数学である」と言うのです。

幼いころ、探偵小説を好んで読んでいた私は、この話から、数学に興味を持ち始め、親しみを感じて、だいぶ解けるようになった覚えがあります。

人間の（特に青少年の）教育の中で、先生が与えるmotivate（やる気にさせる、動機づけすること）というのは、私たちが考えている以上に、大きな問題なのかもしれません。

吉田松陰《よしだしょういん》の
教育

相手の「よいところ」だけを見る

吉田松陰という人をご存じだと思います。

山口県萩市《やまぐちけんはぎし》の「松下村塾《しょうかそんじゅく》」で若者を教え、その教え子たちが明治維新を起こし、明治政府の要人になった、ということで広く名を知られている傑物《けつぶつ》です。

吉田松陰は、わずか三〇歳で獄死するのですが、彼が志士たちに、どのような教育をしたのか、ということは、大変興味の湧くところです。

松陰は、二五歳のときに、浦賀《うらが》に来たアメリカ船に乗って渡米することを企《くわだ》てましたが、それが発覚し、捕らえられ、萩の「野山獄《のやまごく》」に投獄されました。

雑居房に入れられた松陰は、たくさんの「荒くれ者」たちと、生活を共にすることになります。

そこで松陰は、彼らにこういう提案をしました。**「皆さんには、それぞれに特技というも**

のがあるのではないでしょうか。せっかく皆が集まっているのですから、それを教え合うことにしませんか」というものでした。

ある人には、「あなたは『書』が大変上手ですから、それを皆さんに教えてあげてくれませんか」と言って、その囚人を上座《かみざ》に座らせ、皆が「先生」と言って敬った、というのです。

次に、俳句の上手な人がいると、「皆で俳句を学びましょう」と言って、やはり「先生」と呼んで敬いました。

また次に、和歌の上手な人がいると、その人を「先生」として、皆で学んだ、というのです。

そして、松陰自身は「私はなんの特技もないから」と言って、孟子《もうし》を講義した、ということです。

凶悪犯ですら、「自分は今まで『先生』などと呼ばれたことはなかった」と言って、大変感激しました。生まれてからずっと、村では、乱暴者として邪険にされてきた彼らは、生まれて初めて「先生」と呼ばれ、上座に座らされ、皆から尊敬される、という立場に置かれ、誰しもが感涙にむせんだ、というのです。

吉田松陰という人には、そういう「優しさ」――教育や修業で得たもの、ではなく、天性のものとして持っている優しさ――があった、と言えるでしょう。

松下村塾の生徒たちに対して、松陰が行った「教育」というのは、「あなたは憂国の士として、日本一の者である」とか、「あなたの弁論は、素晴らしい説得力を持っている」というように、一人一人の優れたところを見抜きそれを教えてあげることでした。

松陰のすごいところは、それが「的外れ」でなかったことです。それを言われた人間は、「確かに、自分にはそういうところがある」と思い、努力してそれを磨き、一人一人が素晴らしい人間になりました。

お世辞や社交辞令などではなく、その人の持っている素晴らしさを見抜く目を、松陰は持っていたのです。**「誰でも、人にはいいところがある」と彼は言い続けたそうですが、その「人を見る目」の根底には、「天性の優しさ」がありました。**

わずか二五歳にして、そのような話をし、荒くれ者だった囚人たちは、出獄後は、もう二度と、投獄されるような反社会的なことはしなかったといいます。

松陰が行ったこのような教育の仕方、人の導き方がある、ということは、私たちに大きなことを教えてくれているような気がします。

全くの余談になりますが、私たちは、人が一〇人、二〇人集まったときに、「吉田松陰ごっこ」という遊びをすることがあります。どういうものかと言いますと、交代で一人ずつ、皆の輪の中心に入り（あるいはほかの人が座って、その人だけが立ってもいいのですが）、「先生」になります。そして、自分がほかの人よりも詳しい、と思われることについて、一〇～一五分かけて説明・解説する、というものです。

例えば、家業が魚屋である人が、魚の見分け方や種類、あるいは鮮度というものはどういうものか、ということについて説明しました。私たちは常識的なことを知っているように思いますが、意外に知らないことが多く、感心するばかりでした。

あるいはまた、ファッションに詳しい人がいます。例えば、その人がブティックに勤めていれば、自分にとってはなんでもない知識や情報であっても、ほかの分野の人が聞いた場合、それは素晴らしい知識、素晴らしい情報になることがあるのです。

このような、ほかの人や一般的な人は知らなかったり、詳しくないことを、自分は知っている、というものが必ずいくつかあるはずです。それを解説し、説明してもらう、というのが「吉田松陰ごっこ」です。

この遊びは、意外に難しい面もあるのですが、聞いている側は、「この人にはこんな知識があったのだ」とか**「この人は、この分野にこんな詳しかったのだ」というような意味で、より一人一人を尊敬し、また親しみを持って見られるようになるようです。**

例えば、それが高山植物であったり、星座や雲についてであったり、あるいは恐竜の説明であってもいいでしょう。その人の趣味や特技、また職業的に学んできたものを、ほかの人が聞くのは非常に楽しいものです。

一〇人ほど集まったとき、「吉田松陰ごっこ」を試しにやってみますと、今まで知らなかった一人一人の奥深さがわかり、その人に対する評価が上がるものです。ぜひやってみることをお勧めします。

尊敬

「怒鳴る」より「実践して見せる」方がうまくいく

一般社会の中で、一般的に、上下関係が存在すると認められている人間関係が、三種類あるように思います。

ひとつは親子、ひとつは上司と部下、もうひとつは先生と生徒、との関係です。

いずれの関係も、「ある概念」があれば、行きづまることなく、スムーズに流れていきますが、それが欠けているとき、人間関係は、うまくいかなくなる、との「ある概念」があるようです。

その、ある「概念」とは「尊敬」というものです。

基本的に、親は子に、上司は部下に、そして先生は生徒に対して、指導的で優位な立場にあり、それを社会全体が認めています。

しかし、それだけでは、人間関係はスムーズに流れていきません。そこに（上下関係の）

上に立つ方の人間が、下の人間から、「尊敬される」という概念が存在すれば、その人間関係は、非常にスムーズに進んでいくのです。しかし、上に立つ人が、尊敬されるような人格を持っていない場合、その人間関係は、かなりの確率で行きづまっていきます。

例えば親は、親というだけで、子供に対して威張ってはいないでしょうか。上司は、上司というだけで、部下に対して偉そうにしていないでしょうか。先生は、生徒に対してむやみに威張ったり怒鳴ったりしていないでしょうか。

基本的に、上下関係というのは、そこに「尊敬される上の人」が存在するべきだと思います。

例えば、ある会社の社長さんが、部下を激しく怒鳴り続けていたことがあるそうです。私はその話を聞き、「怒鳴られたり、叱られたりすることに対して手当てが出るのですか」と聞きました。もちろん「そのようなものはありません」という答えだったのですが、そこで私は言いました。

「給料というのは、当然、『労働』の代価として支払われるもので、その中には『怒鳴られる』ことに対する報酬は含まれていないのですよね」と。

その社長さんは、しばらく黙っていました。誰が考えても、そのような報酬が入っているわけがありません。そこでまた私は言いました。

「上司という人は、多分、下の人よりも忍耐強く、寛容だから、『長』なのですよね」と。

さらに続けました。「一〇人ほどの『係』があったとします。そうすると、係長は、その一〇人の中で最も忍耐強く、最も寛大であるのでしょう。課長というのは、『課』の中で、おそらく最も寛大で、忍耐強い人のはずです。同様に、部長は、『部』の中の誰よりも、寛大で忍耐強い者であるはずです。では、社長というのが、どういうものかと言えば、**その『社』の中で、最も忍耐強く、度量が広くて寛大である……そのような人を、『社』の『長』（社長）と言うのだと思います**」と。

この話を聞いて、社長さんがポツリと言いました。「社長の給料の中には、その『忍耐料』も含まれているのですか」と。

私は、その一言に思わずにっこりしてしまい、「ああ、それはとても素敵な言葉ですね」と言いました。

一般社員よりも高い給料をもらっている人というのは、一般の人たちよりも、より忍耐強く、寛容であることへの報酬として、それをもらっているのだ、という見方もできるのです。

その社長さんは、またまたおもしろい一言を言いました（聞き取れないくらいの小さな声でしたが）。「ああ、だから俺の給料は少ないのか」と漏らしたのです。私は思わず声を出して笑ってしまったのですが、その社長さんは、それからほとんど怒ることもなくなり、いつもニコニコと笑顔で仕事をするようになりました。

学校の先生の話で言うと、私たちの若いころの先生というのは、一人一人が、とても尊敬できる存在であったように思います。

例えば、体育の先生というのは、体育大会に出て、やはり上位に入賞していました。英語で言うならば、学園祭には、外国人の来訪者があるのですが、先生がその通訳を買って出て、校内を案内して回っていました。その先生はとても人気があり、尊敬されていました。

が、その一方で、ふだんの授業では、とても立派なことを言っているのに、学園祭には何年も顔を見せなかった英語の先生もいました。この先生は「生徒から尊敬される存在」からは、ほど遠かったように思います。

美術の先生で言うならば、自分も作品を出したり、生徒に作品を描かせて、それを出展させたりなど、種々の活動を行っている先生がいました。

そういう先生方は、生徒たちから尊敬され（当然の結果、校内暴力などもなく）そして先生に対しては皆、自然に「尊敬語」を使って話していました。

上司と部下のことで言うならば、仕事ができる上司であるのはもちろんですが、部下の失敗に対してもなじったり（感情的になったり、威張ったり）しない、そういう人格上の忍耐強さや柔らかさ、寛容さ、というものが、「尊敬」の対象になります。怒鳴ったり、怒ったり、声を荒らげたりすることで「尊敬」を勝ち得ることは、絶対と言っていいほどありません。

忍耐強く、いつもにこやかで、誰に対しても同じ態度で接する（例えば、出入りの業者に対しても、上司や部下、男子社員や女子社員に対しても、区別することなく同じ柔らかさ、優しさで接する）、そういう人格を身につけている人は、尊敬されるのです。尊敬される上司の部下は、よく働いてくれます。

つまり、上司だから偉くて、部下がコントロールできるのではない。親だから、というだけで、全く無条件に子供が言うことを聞くわけではない。同様に、先生が上だからといって、無条件に生徒が言うことを聞くわけではないのです。常にそこには「尊敬」という概念が必要です。それがあれば、上下関係は、スムーズに流れます。逆に「尊敬」の概念がなければ、必ず行きづまるのです。

これまで述べてきたのは、上下関係の「上」の立場の人についてですが、同じことが、「下」の立場の人にも言えます。

ある大学生が私に相談をしてきました。自分のやることに、親が常に口出しをしてきてやりきれないので、家を出て、アパート住まいをしたい、ということでした。私は、「一人暮らしをすること自体は、独立心や責任感を養う、という意味で、プラスになると思います。が、あなたよりも人生経験の豊かな親御さんが、いつまでも細かいことを言い続けるというのは、必ずわけがあるのです」と言いました。

その大学生に、私はいくつか質問しました。「大学時代に、何か資格をとりましたか」「親御さんが及ばないようなジャンルの勉強を、何かしていますか」「自分の分野で『これには私はとても詳しい』というものがありますか」……と。その答えは全て「NO」でした。私は苦笑いをして、「それでは、親御さんが心配するのも当然でしょうね」と言いました。「親が子供に対して口うるさい」というのは、もちろん、親の方に（口出しする、という人格上の）問題があるかもしれません。しかし、それと同時に「親からそのように言われてしまう自分」という存在も、やはり考えなくてはいけないものではないでしょうか。

何かひとつでも、親には及ばないようなジャンルを持つこと。たとえ、それが職業や収入と直接結びつかなくてもいいのです。そういう勉強や研究を続けている〝姿〟を見せることで、いつか親はわかってくれるでしょう。そうすれば、「口うるさい言葉」も、次第に少なくなっていくはずです。

「上下関係」の間に、「お互いに尊敬する気持ち」があれば、あるいは、互いに「尊敬される存在になろう」との気持ちがあれば、多くの問題が解決していくような気がします。

第4章

「結果」が教えてくれること

孫子《そんし》の兵法《へいほう》

「百戦百勝善ならず」の本質

二五〇〇年ほど前の中国は、「春秋《しゅんじゅう》戦国時代」でした。多くの国があり、群雄割拠《ぐんゆうかっきょ》し、統一されていませんでした。そこには、たくさんの軍師や思想家、哲学者が生まれましたが、中でも孫子（紀元前五〇〇年ごろの兵法家）は、現在でも「孫子の兵法」の名でよく知られています。

秀吉《ひでよし》や信長《のぶなが》、家康《いえやす》にとっても、「孫子の兵法」は、大変良い手本（教科書）であったようです。最も孫子を尊敬し、その手法を取り入れたのは家康ですが、「孫子の兵法」の根幹をなすものは、次のようなものでした。

「百戦百勝は善の善なる者に非ざるなり」（略して言うと「百戦百勝善ならず」）——**百戦して百勝するというのは、一番良い方法とは言えない**、ということです。

この意味を、多くの人に聞いてみたところ「たまには負けた方が、人間は謙虚になるので良い」と答えた人が多くいました。その解釈も、かなり前向きで良いとは思うのですが、孫子の言っていた意味は、もう少し違うところにあったようです。

つまり「なぜ百回も戦うのか」ということでした。**本当に優れた武将というものは、百回も戦わないものだ、ということなのです。**

「戦う方法」には四つあるのだそうです。

最良の方法は、「智《ち》」によりて勝つ、というもの。第二は、「威」によりて勝つ。第三は、「助」によりて勝つ。そして最悪の方法は、「武」によりて勝つ、というものです。

つまり「武力による解決」は、ほかにとるべき方法がなくなったとき、最後に使われる（最悪の）手段だと認識するのがいいらしいのです。

「智によりて勝つ」を、最良の手法として好んで用いたのが家康でした。「威によりて勝つ」を好んだのは、秀吉でした。秀吉は、三万の兵がいる城を、一〇万の大群で囲うなど、特に「水攻め」を好みました。それによって敵も、味方の兵士も一人も傷つけることなく、勝敗を決してしまう、という戦法が得意でした。「武によりて勝つ」を好んだのは、信長です。気に入らなければ、すぐに武力を用いて焼き尽くしてしまう、というような解決方法を、とても好みました。

非常に卑近な例で、夜の繁華街を想像してみましょう。空手が五段、柔道が五段、合気道が五段……で合計一五段くらい持っている人がいたとします。地元の人から、「このあたりをうろつくと、ちょっと怖いおにいさんがいるから危ないよ」と言われても、腕に自信があれば、そのようなことは無視して、平気で入っていくかもしれません。その反対に、腕に全く覚えのない人というのは、はじめから危険になるようなことは避け、その一画には入っていかないのです。

その結果として、腕に覚えのある人と、「怖いおにいさん」とで、トラブルがあったとします。しかし、いくら武術の達人といえども、テレビや映画のように簡単に相手を倒せる、というわけにはいきません。相手は「喧嘩のプロ」。かつてプロレスラーの力道山《りきどうざん》が刺されたように、喧嘩となれば、やはり強さが違います。大怪我をさせられたり、場合によっては、命を落とすことさえあるのです。

もともと腕に自信がなく、そのようなことを怖いと思う人は、はじめから危険を避けるので、トラブルに遭うことは少なくなります。

つまり、「生兵法《なまびょうほう》は大怪我の元」。**なまじ腕に覚えのない方が、争いごとを避けて通ることができる**、ということを覚えておいてほしいと思います。

英国に、次のような話があります。

ある紳士が、橋のかかっていない川を通りかかったとき、そこの船頭たちに向かって聞きました。「この中で、泳げる人はいるかね」と。すると、一〇人いた船頭のうち、九人が手を挙げ、「もちろん泳げます」と答えました。一人だけ、うつむいて手を挙げなかった船頭がいたので、その紳士は声をかけました。「あなたは泳げないのかね？」と。

船頭は恥ずかしそうに「はい。私は船頭をしていますが、泳げないのです」と答えました。すると紳士は「では、この川を渡るのは、あなたの船にお願いしよう」と言ったのです。あっけにとられている九人の船頭を前に、紳士は、その泳げない船頭の船に乗り込み、向こう岸へ渡っていきました。

その途中、船頭は紳士に聞きました。「なぜ、泳げない私の船を選んだのですか」と。紳士は答えました。「自分が泳げるという船頭は、船の扱いが雑になり、乱暴になる。なぜなら、船が転覆しても怖くないからだ。しかし、泳げない船頭であれば、転覆させるのが怖いから、扱いが慎重になり、丁寧になる。だから、あなたの船を選んだのだ。私も泳げないので」ということでした。

人間社会の中で、なまじ腕に覚えがあったり、なまじ能力があるがゆえに、呼び込まなくてもいいトラブルを招いていることが、実はたくさんあるのではないでしょうか。**自分が強いとか、それを解決する能力がある、と過信することで、本当は避けて通れるものを、逆に呼び込んでしまう**、ということがあるように思います。

「孫子の兵法」に言う、「百戦百勝は善の善なる者に非ざるなり」（最良の選択ではない）というのは、大変深い意味を持っているようです。

沢庵《たくあん》の糸

本当に「強い人」は戦わない

「沢庵の糸」と言っても、沢庵を細かく切って糸にしたもの、ではありません。

沢庵というのは、あの漬物の「たくあん」を考案した、沢庵宗彭《そうほう》という僧侶（沢庵和尚）のことです。

この沢庵は（物語上の設定ですが）、宮本武蔵《みやもとむさし》の「精神的な師匠」ということになっています。武蔵は、何か問題に突き当たるたびに沢庵の教えによって、いろいろなことを発見し、学び、成長していきます。

その中の、ひとつの話です。

沢庵は、江戸品川《しながわ》の東海寺《とうかいじ》の開山（初代の住職）です。ある日、武蔵がその東海寺を訪れたときのこと、武蔵が、境内に足を踏み入れた途端、そこで餌をついばんでいた鳩《はと》が、皆一斉に飛び立ちました。それを見ていた沢庵は、武蔵にこう言います。「何を修行してきたのだ。まだ修行が足りない」と。

それを聞いた武蔵は、「たくさんの武芸者たちを打ち負かし、私は随分強くなった。相当な修行を積んできたのに何を言うか」と反論するのでした。

沢庵は、「そうか、それほど強くなったと言うのなら、お前の腕を試してやろう」と言って武蔵を裏山に連れて行きます。

沢庵は、糸（おそらく、当時は木綿糸でしょう）を取り出し、木の枝と枝の間にピンと張って両端を結びつけました。そして「武蔵よ、この糸が切れるか」と言います。武蔵は「こんな糸ぐらい、いくらでも」とばかりに、真剣を一振り。簡単に、その糸は切れました。そして「こんな糸なら、誰にでも切れるではないか」と傲然と言いました。すると、沢庵はにやっと笑い、「そうか、武蔵。糸ぐらいは簡単に切れるのだな。それでは、これを切ってみよ」と言って、今度は糸の両端は結ばず、枝と枝に、ただ乗せるだけにしました。真剣を抜いた武蔵は、何回も、何十回も振り下ろします。しかし、結びつけられていない糸は、そのたびに「だらり」と垂れるばかりで切ることはできないのでした。

汗だくになった武蔵に向かって、沢庵はこう言います。「武蔵、本当の強さというものがわかったか」と。武蔵は、じっと考えていましたが、「修行をしてくる」と言うと、東海寺には一泊もせずに去っていきました。

数年後、武蔵はまた、東海寺を訪れます。境内に足を踏み入れたとき、今度は、鳩は一羽も飛び立ちませんでした。歩いている武蔵の足下にいながら、そのまま黙々と餌を食べている。沢庵はそれを見て、ニコッとし「武蔵、だいぶ修行したな」と言うのです。

武蔵は、後年、兵法《ひょうほう》の極意を「五輪《ごりん》の書」としてまとめますが、剣道の奥義に達した武蔵が悟ったこととは、つまり「本当に強い者は、戦わないのだ」ということでした。

戦い続けて、次々に相手を打ち負かしていく。そういう人や状況を私たちは「強い」と呼んでいるのかもしれません。しかし、**「本当の強さ」というのは、目に見えて戦ったり、争ったりはしないこと。そうならないように「事前に笑顔で回避し、解決していくこと」ではないでしょうか。**

後年、武蔵が、ある大名から藩指南番を依頼されたときのこと。武蔵は「私は自由人であるから、そのような役には向かないが、私の二人の弟子のうち、どちらかを推挙しよう」ということになりました。周囲の人たちも、大変興味深く見守っていたところ、ある事件の話を聞き、武蔵は、どちらの弟子を推挙するかを決めたそうです。

その出来事とは、次のようなものです。

城下に、ある暴れ馬がいて、次から次へと人を蹴り倒すので、誰しも寄りつくことができませんでした。そのとき、武蔵の弟子の一人が通りを歩きかかります。一〇〇メートルほど先に、暴れ馬の姿が見えました。周囲の人たちは、馬とどのように対決をするのか、興味深く見守っていました。その弟子が、馬の近くまで来たとき、馬はパッと蹴り上げたのですが、それを素早い動作でさらりとかわすと、弟子は、何事もなかったように馬の脇を通り、そのまますたすたと歩いていきました。「さすがに、武蔵先生のお弟子さんだ」と町人たちは、拍手喝采しました。

すぐあと、もう一人の弟子が、偶然にも同じところを通りかかりました。一〇〇メートル先に馬の姿を見つけたその弟子は、たまたまそばに脇道があるのを見ると、その道に曲がりました。そして、馬のいた場所をはるかに越えたと思われるところまで行くと、そこからまた元の道へ折れて入り、先へすたすたと歩いていきました。つまり、馬と接触しないように迂回《うかい》したのです。これを見ていた町人たちはがっかりして、「なんだ。意気地のないお弟子さんだなあ」と噂をしたというのです。

この噂話を聞いた武蔵は、「これで、どちらを指南番に推挙するか決まった」と言いました。後者の〝意気地のない〟（本当はこちらの方が〝強い〟）方を選んだのです。

つまり、**事前に危険を察知できたのであれば、それを避けて通ること。あえてその中に身を投じる必要はない……それが、本当の優れた武将・武芸者の選ぶ道である**、というのが、晩年の武蔵が達していた心境でした。

これは全くの余談ですが、武蔵と沢庵和尚は、年齢が一一歳離れていたのですが（沢庵の方が年上）、死んだ年は、同じ一六四五年でした。二人は、近い魂の持ち主だったのかもしれません。

山岡鉄舟《やまおかてっしゅう》の剣

「勝とう」と思わなければ、楽な人生

幕末に、山岡鉄舟という人がいました（一八三六年生〜八八年没）。剣客でもあり、政治家でもありました。

鉄舟は、勝海舟《かつかいしゅう》、高橋泥舟《たかはしでいしゅう》とともに「幕末の三舟」と呼ばれています。勝海舟は、江戸城を西郷隆盛《さいごうたかもり》に無血開城した傑物、ということで知られています。鉄舟の妻・英子《ふさこ》は、高橋泥舟の妹なので、二人は義兄弟の関係でした。泥舟は、徳川《とくがわ》家の最後の将軍・慶喜《よしのぶ》に、朝廷に対する恭順《きょうじゅん》を説き、主戦論派を退け、主戦論派から慶喜を警護した武士でした。

山岡鉄舟は、千葉周作《ちばしゅうさく》の道場に学び、「剣の名人」とうたわれましたが、明治政府の中では要職を歴任しました。静岡《しずおか》県権大参事《ごんのだいさんじ》（権＝副）、茨城《いばらき》県参事、伊万里《いまり》県知事（現在の佐賀《さが》県）、そして明治天皇の侍従なども務めています。

剣が大変に好きだった鉄舟は、千葉周作の玄武館《げんぶかん》で北辰一刀流《ほくしんいっとうりゅう》を究め、二〇歳を過ぎるころには、その「突き枝」の強さから、「鬼鉄」（鬼の鉄舟）と恐れられたといいます。二四歳のときに、一週間の立ち合いが一四〇〇回。しかも、負け知らずで、疲れることもなかったというのですから、相当の剣術好きでした。

鉄舟は、日本中に剣豪を求め、ありとあらゆる人と立ち合いを重ねてきました。そして、「もうこの世には、私に教えてくれる人はいないのだろうか」と思いかけていた矢先のこと、浅利《あさり》又七郎《またしちろう》義明《よしあき》という人物に出会います。又七郎は四二歳、鉄舟は二八歳でした。今でこそ四二歳というのは若いですが、そのころでは、もう老人の域であったでしょう。

しかし、その又七郎を前に、鉄舟は全く歯が立ちませんでした。

又七郎は、「無想剣《むそうけん》」というものを究めていました。そして、立ち合いになると、じっと相手を見据えて一言こう言うのです。「それがしの勝ちでござる」と。又七郎から打ち込んでいくことは絶対になかったと言いますが、その一言を聞いても、「そんなことはない」と打ちかかってくる人間は、さんざんに打ち据えたそうです（鉄舟は、ある程度の技量を持っていたので、やみくもに打ち込むようなことはしません。しかし、又七郎の方からもかかってこない代わりに、自分も全く踏み込むことができず、ただ汗が噴き出し、のどが渇き、立ち尽くしたまま身動きがとれなかったというのです）。

「向かうところ、敵なし」だった鉄舟にとってそれは、大変な出会いでした。これまで、全く踏み込むことのできない相手など、いなかったのですから。そして、それからというもの、寝ても覚めても又七郎の剣が、頭から離れなくなってしまったのです。

その後は、一年に一度くらいの割合で、二人は手合わせをしましたが、鉄舟は、ずっと打ち込むことができないまま、なんと一七年もの年月が過ぎました。

そして、一七年目の明治一三年三月一三日、朝五時ごろ。全身がしびれるような明るさが目の前に広がったかと思うと、それまで消えることのなかった又七郎の顔が、スーッと消えていったというのです。「勝ちたい」とか「負けたくない」という心が、自分の中から全くなくなった瞬間を、鉄舟は体験したのでした。

鉄舟は、又七郎を招きました。そして改めて手合わせをしました。今度は、**鉄舟の中には「打ち込みたい」とか、「勝ちたい」とか、「打ち負かしたい」という気持ちは全くありません。**どちらも一歩も動かず、じっと構えた状態で、時が流れました。そのときに又七郎が言いました。「よくぞ、ここまで修行された。もう、わしがそなたに教えることは何もない」と。そして、その場で一刀流の免許を皆伝した、ということです。

鉄舟は、その後も研鑽を積み、「一刀《いっとう》正伝《しょうでん》無《む》刀流《とうりゅう》」を開いたのですが、晩年このようなことを言っています。

「若いころは、相手の強い弱いを見抜き、それによって剣術の腕を上げていった。しかし、あとになってから、敵の腕に強い、弱いなどないのだ、ということを悟ることができた。相手が強い、弱いのではなく、自分の中に敵があるのだ。自分が『無』になれば、敵は存在しない。『この理、悟れば、この世に敵はない、恐れるものなど何もない』ということがわかった」と言うのです。

「勝とう」とするから、世の中は大変になるのです。勝つ必要などない、主張しない、対立しない、競争しない、ということを、自分の人生の中に据えていくと生きるのが大変楽になります。これは、前述の「ジョージ・クラベルの世界」（１３１ページ）とも共通するものです。

「戦わない」問題解決法

帰ってきた夫

大正から昭和にかけて、大変に名優だと持てはやされた歌舞伎役者がいます。その役者は、素晴らしい演技力と、色気や身のこなしの良さでも大変な人気があり、多くの女性ファンがいました。あるときから、その役者は若い娘の家に入り浸りになり、そこから劇場に通うようになっていました。

夫が家に帰ってこなくなったとき、妻は女中に、夫の着替えを持って行かせました。女中は、その家へ着替えを届けると、代わりに汚れ物を持って帰りました。それを翌日も、またその翌日も……と繰り返し、かれこれ一カ月も経ったころ、しょんぼりした顔で、夫が帰ってきたというのです。

妻は不思議に思い、「どうしたのですか」と尋ねると、夫は「あの女が、突然怒り出したんだ」と言うのです。怒り出した理由というのは、「こんなに素晴らしい奥さんがいるのに、あなたはなんてことをしているのだ。そんなろくでなしなど、もう嫌いだ。とっととこの家から出ていってください」と言われ、追い出されたのだそうです。

この話を何十人かにしたところ、たった一人だけ、「その奥さんは嫌みな人だ」と言った人がいましたが、それ以外の人は、やはり「素晴らしい奥さんだ」と評価しました。

問題を解決するとき、「戦って勝ちとる」「争って勝つ」というやり方ではなく、この話のような解決の方法もあるということです。その男の責任はどうなるのだ、とか、男の正しさ、女の正しさはどうなのか、という「正義感」の問題は、今は論じていません。何が正義で、何が正義でないか、ということはさておき、このような解決方法があるということを伝えたいのです。

戦ったり、相手を打ちのめすことで、勝利を得、問題を解決するのだ、という人は、それでも構わないのです。しかし、それ以外の方法も実例としてあるのだ、ということを知っておいてほしいと思います。

ちなみに、この役者の話で、その奥さんのことを「嫌みだ」と言った人は、何を聞いても否定的、批判的に受けとめる女性でした。その人の人生というのは身の回りのもの全てが、つまらないもの、批判的なもの、とげとげしいものなのかもしれません。そういう考え方や、受けとめ方そのものが、その人の周りの状況を作っているように思います。

明治維新政府を、西郷隆盛亡きあと牛耳った（中心的に行政を司《つかさど》った）のは、大久保《おおくぼ》利通《としみち》でした。

大久保が、あまりにも独断専行して政治を行っていたため、陸奥宗光《むつむねみつ》（のちの外相）は暗殺を企てました。しかし、その情報は事前に大久保側に伝わり、側近はこのように進言しました。「大久保卿《きょう》を殺そうとしているのですから、即刻捕らえて投獄しましょう」と。

すると、大久保はこう答えました。**「西郷隆盛ほどの男であれば、にっこり笑えば人はついてきてくれる。しかし、私のような器の者にはそういうものがない。唯一『寛大さ』というものだけが武器になるのだ。**陸奥は、これからの日本にとって、絶対に必要な人物である。だから、仮に彼が私を殺そうとしていたとしても、投獄して彼の活動をやめさせることはできない。彼は日本にとって大事な人物である。放っておけ」と言ったというのです。

その話を、今度は陸奥宗光が逆に伝え聞きました。暗殺を企てるほど、大久保を嫌悪していた陸奥でしたが、その話を聞いてからは逆に大久保に心服し、大久保とともに明治維新政府を担う要人になりました。

やはり、ここにも「戦わない」解決の方法があった、ということがわかります。

ちなみに、**「寛大さ」と「謙虚さ」と「前向き・ひたむきさ」の三つの「さ」があれば、人のほかの短所は「持ち味」になり「個性」に変換されるのです。**大久保の「寛大さ」は、大久保のほかの短所を〝持ち味〟にしたのでした。

第5章

喜ばれれば、全てが幸せ

落ち込み

「有頂天にならない人」は落ち込まない

よく、いろいろな出来事（自分にとって悲しかったり、悔しかったり、ショックだったこと）があると、「落ち込んでしまった」と言う人がいます。そういう人が、元気になりたいために連絡をしてきて、「何か励ましの言葉をください」と言うようなことがあります。そのような連絡をたくさん受けてきて、今までにわかったことがあります。それは、「落ち込む人には、共通した『人格』がある」ということでした。

「落ち込む人」というのは、誉められたときに、普通の人以上に有頂天になったり（「舞い上がる」と言っていいのかもしれません）、自分自身を失ってしまうほどの喜び方をしたりするようです。そのような人は、自分にとって不快な言葉や、批判的な言葉、自分が認めたくないような評価を受けると、落ち込んでしまうのです。

「落ち込み」と「有頂天になる」というのは、持っている人は両方持っていて、持っていない人は両方とも持っていない。

つまり、**「有頂天にならない人」は、「落ち込まない」。「落ち込まない人」は、また誉められても「有頂天にはならない」**ということがわかりました。

有頂天になったり、落ち込んだりするというのは、ひとつには「幼児性」という言葉で説明されます。自分自身の生き方や考え方、哲学や思想というものが、自分なりに確立できていれば、たとえ人からどのような評価を受けても、落ち込んだりはしないのです。その代わり、人から高い評価を受けたり、誉められたりしても、有頂天になったりうぬぼれたりもしません。人の評価によって自分の気分が変わる、ということ自体が、「幼児性」の表れなのです。

子供というのは、もともと、誉められたくて生きているようなものです。ですから、子供に対してたくさんの誉め言葉を投げていくと、それによって子供は、どんどん才能を磨き、明るく積極的な人間に成長していきます。

その一方で、「大人になる」ということは、「誉められて嬉しい」のはいいのですが、「誉められなければ嫌だ」「批判されるのは嫌だ」ということとは、少し違うのです。**「誉められなくても、自分なりの生き方をしていく」というように、迷いがなくなるようにするの**

を、「自分で、自分の人生観を作った」と言います。

「誉められると有頂天になり、けなされると落ち込む」というのは、自分の中に「確立された人格や生き方」がまだない、ということの証しです。

「ジョージ・クラベルの世界」のところ（131ページ）で述べたように、自分自身の喜びや悲しみというのは、自分が目標としている人格に向けてどれほどの歩みをしているか、ということで推し量るべきです。他人の評価によって一喜一憂することではないでしょう。

福耳

うまくいく人は、相手の話をよく聞く人

「福耳の人は成功する」「福耳の人は運がいい」という言われ方をしますが、これはあながち間違いではないようです。

福耳というのは、耳たぶが大きく、長いことを言います。「福耳の人は、どうも事業などに成功する確率が高いようだ」ということも、間違ってはいないようです。ただ、生まれつき福耳であれば、なんの努力をしなくても成功する、という意味でもありません。

人間の耳というのは、親からもらった遺伝子の通りに、ある形をなしています。

ところが、**「人の話をよく聞こう」という意欲が自分の中に湧いてくると、実は耳たぶは〝発達〟してくるのです。**「人の話を聞く」というのは、時間をかけてただ聞いているという意味ではなく、「人の話を取り入れる」ということです。「そういう話を取り入れる気はないぞ」と思っている人は、耳たぶが段々縮んできて、耳が切り立つようです。逆に、「人

の話をたくさん聞いて、自分の中に取り入れ、より幅の広い人間になろう」という意欲と決意を持っている人は、人の話をよく聞こうとする結果、どうも耳たぶが発達するようなのです。

実際に、ある宿の経営者の方が、かなり小さな耳たぶだったので、「もしかしたら、人の話をあまり聞いてこなかったのではありませんか」と聞いたことがありました。

すると隣にいた奥さんが「本当にこの人は、ほかの人の話に耳を傾けたことがないのです。親や兄弟の言うことも一切聞かないで、会議をしても、常にこの人の声だけが大きくて、ほかの人が皆黙ってしまう、そういう人なのです」と言いました。本人は「そうかな」と言っていましたが、私がその耳の話をし、「人の話を聞くようになると耳たぶが発達し、福耳になります。そうしたら、もしかしたら事業的にも成功するかもしれませんね」ということをお伝えしました。

半年ほど経って、またその方にお会いしたときのこと。その方の耳たぶが、まるで粘土細工を指でちょっと引っぱったかのように、少しだけ下に出ていて、大変「可愛《かわい》い耳」になっていました。私が「耳がちょっと出てきましたね。人の話をだいぶ聞くようになったのではないですか」と聞くと、奥さんが「そうなのです。全く、今までの夫とは違って、人の話をよく聞くようになりました」と答えました。

ご本人にも聞いたところ、「いやぁ、今までは人の話に耳を傾けなかったけれど、人の話をじっと聞いてみると、その話の中にはおもしろいことがたくさんあるということがわかりました」と言いました。そのように言うということは、もう本当に他人の言葉や話に耳を傾けるようになったということですから、私は大変嬉しくなりました。

「人の話を聞こう」「自分の役に立つものやおもしろそうなことを、少しでも聞き逃すまい」と思うと、耳たぶが発達するようなのです。ですから**「福耳の人は成功する、運がいい」というのは、必ずしも間違った言い方ではありません。**しかし、生まれながらの福耳だから成功する、という意味ではどうもなさそうです。これの真に意味するところは、「人の話をよく聞く人」は、耳たぶが発達し福耳になる。と同時に、そういう人は、事業的にも成功しやすい、ということを言っているのではないでしょうか。

同様に、「自分の目は小さい」と思っている人がいるとします。「もう少し目が大きかったら、もう少し美人に（あるいはハンサムに）なるのに……」と思っている人は少なくないかもしれません。その方たちのために「目を大きくして美人（ハンサム）になる方法」をお教えしましょう。

それは、自分の周りの現象や人、本などに対して「全てのものが手本であり、素晴らしい教材なのではないだろうか。教えてもらえるものはなんでも教えていただこう」と思い、常にそういう「目」でものを見、目を見張ることとです。そうすると、先ほどの耳たぶの話――より良いものを聞こうとすると、耳たぶが大きくなる――と同じように、より良い教材を見つけ、自分の中に取り入れようと思っていると、目が大きくなるようです。

つまり、親の遺伝子で自分の顔が全て決まるのではありません。福耳になることもできるし、目を大きくすることもできるのです。自分が、そういう福耳や目の大きさに恵まれていないからといって、親を恨んだりするのは間違いです。自分の意志によって、どうも自分の顔は、かなりの部分を作り替えることができるようなのです。

邪心

他人になんと思われても「実践」し続ける

「実践」の話に関連して、「邪心」ということについて述べたいと思います。前に、「どんなに立派なことを知っていても、それを実践しなければ、知らないのと同じだ」と書きました。実は、この「邪心」の項目の中にも、そのことが入ってくるのです。

例えば、電車で、自分が座っている目の前に、とても美しい女性が何人か並んでいたとしましょう。そのときに、ある駅から一人のお婆《ばあ》さんが乗ってきたので、そのお婆さんに、席を譲ろうと思いました。けれども、自分の中に、「あの女性たちによく思われたい」という「邪心」があったために、とても席が立ちにくかったとします。

こんな状況の下で、最も理想的なのは、**「全く邪心がなくて、そのお婆さんに席を譲れること」**です。一方、「邪心の塊であって、なおかつ席も譲らなかった」という選択をした場合、それは四つあるうちの最も悪い選択をしてしまったことになります。しかし、人間というのは、一番目と四番目を選ぶ人は稀《まれ》で、実は、二番目と三番目の選択で、迷い、悩み、苦しんでいるに違いありません。

二番目と三番目の選択というのは、「邪心があったが、席を譲った」と「邪心はないけれども、席が譲れなかった」の選択というものです。

「自分の中に邪心はないが、邪心があるからだと周りの人に思われたくなくて、席を譲らなかった」というのと、「邪心があったけれど、席を譲った」というのと、果たしてどちらを、神や宇宙は求めているのでしょうか。

これは、私なりの結論ですが、**神や宇宙が求めているものは、「邪心の塊でも構わないから、席を譲りなさい」ということではないかと思います。**なぜなら、席を譲ることで、そのお婆さんが喜ぶからです。喜ぶ人が生まれるからです。

「邪心がなくて、譲る」というのは理想ですが、実際問題として、人間はなかなか、そこまで行くことはできません。「邪心の塊で、席を譲る」か、「邪心はないけれども、席が譲れなかった」か、この二点のどちらかで、苦しんでいるに違いないのです。

先述のように、どんなに立派なことを頭に入れていても、「実践」がともなわなければ、それを知らないのと同じことになります。ですから、「邪心の塊」でもいいから「実践」をすること。そして、それを何回も、何十回も繰り返しているうちに、もしかしたら精神がピュア（純粋）になって、「邪心がなくて、席を譲る」ようになるかもしれません。しかし、「邪心」があり続けても、全く構わない。

「邪心」があるか、ないかは、大した問題ではありません。その思想の結果として、「席を譲ることができた」（そして、それを喜んでくれる人が生まれた）という、日常生活での「実践」をすることが、とても大切なことのように思います。

にこやか貯金

「頼まれごと」はニコニコと引き受ける

ある人が、こんな電話をしてきました。

「仕事が終わって帰ろうとしたとき、上司からあるものがどこかに行ってしまったので、一緒に探してほしいと言われました。断ることもできなかったので、一緒になって探していると、一時間ほど経ったころ、なんとその探し物が上司の持ち物の中から出てきました。私はそれに非常に腹が立ち、イライラしました。いつも自分はニコニコしようと思っているのに今日はとても不愉快でイライラしてしまいました」というものでした。

そのようなことでも、少し見方や考え方を変えれば、不愉快でもなく、イライラもしなくて済みそうなのです。

そういうことを頼まれたときに、笑顔でやってあげたとしましょう。とげとげしくもなく嫌みも皮肉も言わずに、ただひたすらにこやかに笑顔でやってあげるのです。そして、そのような**頼まれごとがあるたびに、いつも「笑顔」でやり続けていると、実はそれは「貯金」になっていくのです。私は、それを「にこやか貯金」と名づけています。**

そして、その「貯金」がだいぶ「貯まった」と思われるころ、今度は自分の有給休暇が欲しいというときに、笑顔でその上司に頼みに行けばいいのです。

「にこやか貯金」というのは、その頼まれたことを、いかにもいやいややっている、イライラしながら、ふてくされながらやっている、というようなときは、決して「貯金」にはならない。

そのようなことを頼まれたときは、「『にこやか貯金』のチャンスをくださった。ありがとうございます。実にありがたいチャンスがやってきたのだ」と思ってください。頼んだ方の人は（あなたに対して「申し訳ない」という気持ちがあっても）、もし、あなたがイライラしたり、とげとげしい態度でやっていればそれですっきりしてしまいます。

しかし、人間は基本的には良心の塊です。**あなたが嫌な顔をせず、ニコニコやっていれば、頼んだ方の人の心に「借り」（やってあげた人にとっては「貸し」）ができます。**その「借り」は目に見えないものですし、数字にも出てきません。しかし、絶対にイライラしたりとげとげしい態度をとらずに、快く（これが大事です）やってあげていると、どんなに気性の荒い人でも、威張っている上司でも、それが「借り」になっていきます。そういう「借り」や「貸し」を作る状況をその上司が与えてくれたという見方をすれば、それは非常に感謝すべきものになるのです。

私がこのように話すと、その電話をかけてきた人はわかってくださり、「それは良かった。そういう考え方をすれば、とても楽しくなりますね」と言いました。これからその人は、強権的な上司に何か頼まれて不愉快な思いをしても、おそらくそれを不愉快でないようにうまく切り替えていくでしょう。そして、そのときこそ「にこやか貯金」が始まります。

その人の「にこやか貯金」はもうだいぶ貯まったことでしょう。どんな〝利息〟を生むか、とても楽しみです。

悪口

仲間に恵まれる人は「これ」に気をつけている

よく、人の悪口を言う人がいます。「悪口を言わない人がいい」と言っても、その人にはなかなかわかってもらえません。

そこで、このような話はどうでしょうか。

悪口を言うというのは、独り言を言っているわけではなく、必ず目の前にそれを伝えている相手がいます。その相手は仕方なく合槌《あいづち》を打ったり、黙って聞いていたりするはずです。その悪口を聞きたくないといって大論争になることはほとんどないでしょうし、大喧嘩をしてまで、その悪口を制しようという人もいないでしょう。

しかし、目の前で悪口を聞いている人は、その悪口を言っている人に対して次第に心を閉ざしていくのです。悪口を言っている人は、目の前の人は味方で、同じ悪口をきっと感じているから反論もせず、黙って聞いているのだと思っています。そしてさらに悪口がエスカレートし、興奮状態になることもあります。しかし、悪口を聞いている人は、実は「そこにいない人の悪口をこの人は言うのだから、もし自分がいないところでは、この人はきっと自分のことも悪く言うに違いない。そういう可能性があるのだな」と思いながら聞いているのです。

Aさん、Bさん、Cさんという使い方をしてみましょう。AさんがBさんに対して、Cさんの悪口を言っているとします。Aさんは気持ち良くCさんの悪口を言っています。Bさんは黙って聞いているので、Aさんは「きっとBさんも同じことを考えているに違いない」と思い、安心してCさんの悪口を言い続けます。しかし、Bさんの立場で考えてみると、Bさんは「Cさんは、今この席にはいない。そのいない席で、AさんはCさんの悪口を言っている。ならば、今度はAさんとCさんが会ったとき、あるいはAさんとDさんが同席したとき、私（B）の悪口も言われるかもしれない」と思うのです。これは当然のことでしょう。

いないところで第三者の悪口を言う癖を持っている人は、相手が誰であろうと同じことを繰り返します。ですから、AさんはBさんの悪口は言っていないのですが、CさんやDさんの悪口を言えば言うほど、Bさんの心をどんどん遠ざけてしまうのです。Bさんは黙っていますが、次第にAさんとつき合いを疎遠にし、離れていこうとします。なぜならば、**Aさんがどのようなことを好み、どのようなことを嫌うのか、その全部を把握しきれないからです。**

Bさんにとって、Aさんというのは「怖い」存在になります。いつほかのところで自分が悪口を言われるかもしれない、という存在にAさんがなってしまうのです。

ですから、安心して人の悪口を言うというのは、実はそれを聞いている相手が、自分に対して心を閉ざし、どんどん遠ざかっていくのだということを、ぜひ覚えておいてください。人の悪口を言うのは、いいことではありませんし、それがひいては一人一人の友人を皆失っていくということでもあるのです。

「悪口」は全て種まきです。種をまいたことを本人が忘れたころに、そこここで花を開かせます。その花とは「孤独」＝友人がいなくなること。気持ち良く言っている毎日の悪口が、あなたをどんどん孤独にしていくのです。気をつけましょう。

二つの謙虚

「学ぶこと」が魅力的な人格を作る

「謙虚さ」というものを、私はよく話題にします。ひとつは、宇宙の流れや宇宙の意志に対して、自分の好き嫌いでものを選ばないこと。ほとんど自我がないことが「謙虚さ」であると言い続けてきました。**宇宙から「こういうことをやりなさい」という呈示があり、そのような流れが始まったとき、その流れに船を浮かべ、流れに抵抗せずに下っていくこと。それこそが「謙虚さ」であるということです。**

「謙虚さ」というものには、もうひとつの側面があります。それは、自分が常に未熟であり、完成された者ではないこと、まだまだ向上する余地があると自覚することです。そのように思っている結果として、勉強し続ける、たゆまざる努力を続けるという場合に、これも「謙虚」であると言えます。

陥りがちなことなのですが、二二歳で大学を卒業し就職すると、人間は確かにその仕事のことについてはどんどん専門的になり、ベテランになっていきます。しかし、それでは仕事以外に（報酬をもらうこと以外に）自分自身を高める努力をどこかでしているでしょうか。それが私の言う、二番目の「謙虚さ」の部分なのです。

知らないことが山ほどあります。歴史のことも知らない、天文のこともう少し勉強したい、植物や動物の勉強もしたい……。それらを勉強したところで、別に一銭にもなるわけではありません。

しかし、その人間の深さを深めることは間違いありません。大学を卒業して給料がもらえるようになったからといって、ほかの勉強をやめていいということではありません。専門分野のことしかほとんど知らないで、ほかの勉強をしていないという人が少なくないように思います。

「謙虚さ」とは「学び続けること」です。例えば、哲学もそのひとつでしょう。給料がもらえて生活ができればいいのではありません。人間はなんのために生きるのか、生命や肉体はなんのためにあるのか、宇宙の構造はどうなっているのか……。そのようなことについて自分はまだまだ勉強不足で、未熟であると思い、勉強をし続けていくこと。それが、私の言う二番目の「謙虚さ」なのです。

基本的に「謙虚な人」というのは、大変奥が深く魅力的な人格を形成していくものです。

ですから、ぜひ「これでいい」というところにとどまらず、常に「何かを学ぼう」という姿勢で生きていってほしいと思います。

一五〇%の投げかけ

パワーは投げかけた分だけ返ってくる

先日、こんな人の話を聞きました。

現在二五歳の青年なのだそうですが、二二歳で大学を卒業し、三年経った今は無職で、新しい会社を興すべく準備を進めているとのことでした。

彼は大学を卒業後、ある事務機の会社に入りました。そして、営業の補佐というのか手伝いのようなことからスタートしたのです。

ある会社の事務所に、土曜日、ある事務機を取りつけるように彼は頼まれました。言われた通り、彼は事務機をその事務所へ運び、取りつけました。が、帰ろうとしたとき、彼は自分の設置した新品の機械と、その隣の機械（コピー機かシュレッダーでしょうか）の古くて汚れたものが、あまりにも対照的に目に映りました。この二つを見比べて、「似つかわしくない」と思った彼は、その古くて汚い方の機械をピカピカに磨き上げました。二台がきれいになった結果、なんとなく気分が良くなって帰ろうとしたとき、ふと床を見ると二台のきれいな事務機に対して、床の汚れが非常に目立って見えました。すごいアンバランス……。そこで、また彼は床をもピカピカに磨いてしまったというのです。二台の機械と床がきれいになり、かなり満足して帰ろうとしたところ、今度は汚れた壁と、そのピカピカになった部分とがとてもアンバランスに見えました。そこで彼は、ついでに、壁をもピカピカに磨いてしまいました。それで帰ろうとしたところ、今度は窓ガラスが汚れていることに気がつきました。ほかが全部きれいになっているのに、窓ガラスだけが汚いのは、さらにアンバランスだということで、彼は窓ガラスもピカピカに磨いてしまいました。それで満足をし、全部をきれいにして帰ったところ、月曜日になってその事務所の人から電話があり、「あの事務機を取りつけたのは誰か」「部屋もきれいにしていったのは誰か」ということになったというのです。

そして、それが彼のしたことだとわかると、今度はその隣の部屋から「同じ機械を据えつけるのに、彼に来てほしい」と名指しで頼まれるようになりました。そうして彼は、名指しの仕事が次々に入るようになりました。

また、会社同士の連絡やつき合いを通しても彼の評判はいろいろな会社に広まり、次から次へと仕事が舞い込んできました。その会社には八〇人ほどの営業マンがいたのだそうですが、彼はなんと、入社一カ月目からその八〇人のナンバーワンになってしまったのです。そのナンバーワンを三年間続け、そして「何か自分なりに、ひとつつかめたような気がする」と思い、退社しました。そして現在は、そのつかめたものをもとに、何をしようか考えている最中だ、ということでした。

「給料が安い」と嘆く人がいます。実際に給料が高いか安いかというのは、比べることができません。というのは、本人は一生懸命に働いているつもりでも、実は「給料分程度でいいや」という程度にしか働いていないのかもしれないのです。今の話で、事務機を取りつけに行った彼に、義務として部屋を掃除したり窓ガラスを拭くという作業は何も要求されていませんでした。しかし、彼の美意識として、きれいな機械が一つあり、それが二つになり、床や壁もきれいにした結果、窓ガラスもやはりきれいにしたいという気になってしまった……。それは、彼の給料には入っていなかったことなのです。しかし彼は、自分の美意識としてそれをやった。**要求されていたことは一〇〇なのですが、それに対して彼がやったことは一五〇でした。そして、その一五〇を続けた結果として、彼には常に五〇のお釣りが返ってきたということです。**そのお釣りが返ってきた結果、彼を入社してすぐにナンバーワンの営業マンにしてしまったのでした。

帝国ホテルの重役に、今までに例のない、コックさんから重役になった村上さんのことは「正しい辞めかた」の項（１０４ページ）で詳しく書きましたが、もう一度簡単に書きましょう。

村上さんは、一六歳で帝国ホテルに入社し鍋磨きから始まったのですが、村上さんは「日本一の鍋磨きになろう」と決意し、本当に顔が映るほど、鏡になるほどにきれいに磨き上げました。三カ月ほど経ったとき、「今日鍋を洗ったのは誰だ」という声が先輩から出るようになり、村上さんは「ムラ」と呼ばれていたそうですが、「ムラが洗いました」という返事に対して、その日だけは洗剤が入れられずに鍋が返されるようになったのだそうです。つまり、そこで指につけてソースを味見することができ、中に何が使われているのかを、村上さんは学ぶことができたのです。「鍋磨きなどつまらない」と思いながら磨いていたら、おそらく、その洗剤を入れて鍋を返されるということが三年間続いたでしょう。鍋磨きが本当に、鍋磨きだけの三年であったはずなのです。しかし、村上さんは単なる鍋磨きではなく、「日本一の鍋磨きになろう」と思いました。要求されている仕事は一〇〇だったのですが、それを一五〇にして毎日毎日投げかけた。その結果として、五〇のお釣りが戻ってきて、自分の人生を作り上げ、ひいては帝国ホテルで初めての、総料理長から重役への昇進を果たすことになりました。

「給料が安い」と不平を言い、それだけの仕事しかしなければ、おそらくそれだけのものしか返ってこないのです。要求されたことに対して（一〇〇やってくれと言われたことに対して）一二〇返す。一五〇返す。その、余分に返したものが結局は自分の人生を組み立てていくことになるような気がします。

ある超能力者が、こんなことを言っていました。**人間は、何かを社会に対してなしたときに、二つの報酬を選択して受けとることができる。そのうちのひとつは金銭であり、もうひとつはパワーである。**というのです。当然のことながら、金銭は一度で終わりです。パワーはその人の身につくものですから、そこから死ぬまで永久です。どちらがより得か？

たまたま金銭的に困っているという場合は、金銭を選ぶのは当然でしょう。しかし、そうでないのなら**パワーを選んだ方が絶対的に有利であり、得であると思います。なぜなら、それはずっと自分の身について、一生の財産になるものなのですから。**

ちょうどいい

「幸せ」と言い続ける人の周りに幸せな人は集まる

お釈迦様の言葉に「全てが、あなたにちょうどいい」というのがあるそうです。大蔵経《だいぞうきょう》（釈迦の教えと解説文の全て。一切経《いっさいきょう》）の中にある言葉だそうです。正確には覚えていませんが、およそ次のような内容です。

今のあなたに、今の夫がちょうどいい。
今のあなたに、今の妻がちょうどいい。
今のあなたに、今の親がちょうどいい。
今のあなたに、今の子供がちょうどいい。
今のあなたに、今の兄弟がちょうどいい。
今のあなたに、今の友人がちょうどいい。
今のあなたに、今の仕事がちょうどいい。

死ぬ日もあなたにちょうどいい。

全てがあなたにちょうどいい。

というものです。

サラリーマンをしている人で、自分の会社の悪口を言う人がいます。悪口というよりは、文句や愚痴なのかもしれませんが、「うちの社長はワンマンで、怒りっぽくて仕方ない」とか「専務や部長には困ったものだ」というようなことです。今の、「全てがあなたにちょうどいい」という言葉は、実はそういうときのための言葉のような気がします。

私は、その上司を批判するサラリーマンに対して、こういう言い方をします。

「多分、今あなたがおっしゃったことは、間違ってはいないのでしょう。一〇人が一〇人とも同じように感じる事実に違いない。確かにそういう社長や専務、部長なのでしょう。しかし、そのどうしようもない上司と、同じレベルにあなた自身がいるのですよ」というのが私の話なのです。

たとえどんなに気に入らないとしても、その会社から給料をもらい、その集団の中で自分が生かされて働いているのです。ですから、その上司や会社そのものに対して悪口や批判を口にするということ自体が、同じレベルであるような気がします。

つまり、確かにその上司たちは、批判されるような人物であることに間違いはないとしても、しかし、それを批判している自分も、そのどうしようもない上司と同じくらいの、どうしようもないレベルであるということが言えるのです。

同様に、自分の会社の社員をつかまえて、「思うように働いてくれない」と悪口を言う重役がいます。そのような人たちの話を聞いたあとも、私は同じことを言います。「全てが、ちょうどいい社員なのですよね」と。

その重役たちにすると、その社員についての悪口や批判は間違っていないものなのでしょう。きっと誰が見ても、その社員たちは我慢のならない存在なのかもしれません。しかし、そのどうしようもない社員と同じレベルの重役なのです。つまり、その人たちの悪口を言うような程度のレベルの自分である、ということに気がついてほしいのです。

「全てがあなたにちょうどいい」のです。

夫婦関係や親子関係で、「うちの夫（妻）は、こんなつまらない人で……」とか「うちの親（子供）は、どうしようもない」など、文句や愚痴を言う人がいます。しかし、この言葉（全てがあなたにちょうどいい）を知っている人から見れば、その人は愚痴を言った瞬間に自分の価値を全部さらけ出している、ということになるのです。つまり、「それにちょうどいいあなた」なのですから。

「全てがあなたにちょうどいい」

人の悪口を言わない人には、その悪口を言わないというあなたに対してちょうどいい、悪口を言わない友人が集まってきます。

人の悪口ばかりを言っている人には、人の悪口ばかりを言っているちょうどいい友人が集まってきます。

「嬉しい、楽しい、幸せ」と言い続けている人には、「嬉しい、楽しい、幸せ」と言い続けている人が集まってきます。全てがあなたにちょうどいいのです。その一言をじっと噛みしめると、世の中の現象のかなりの部分が見えてくるのではないでしょうか。

仁《じん》

どんな状況でも、全ての人に「笑顔」で接する

「仁」という文字は「人が二」「二人」と書きます。「仁」という字は「人が二人いる」という意味です。

人間の「喜び」や「幸せ」というものは、どうも三つの形をとるのではないかと、私は思ってきました。

過去、自分に起きたことを全て受け入れること。それが全部自分に必要だったと思うこと。そう思うことで、その一つ一つのことが全て感謝の対象になります。これが、第一のステップである「幸せ」です。

第二のステップは、その全ての過去を受け入れた延長線上にあるのですが、**現在の全てを受け入れることです。**例えば、今自分が病気をしているとか、怪我をしている、事故を起こしてその後処理をしている最中である、親と喧嘩をしている……など、そのようなこ

とも全て含めて、現在の自分をとりまいている状況を全て受け入れて、それに感謝することです。過去の全てを受け入れるのと同じように、全てを受け入れるというのは、「それがなければ、現在の自分がないのだ」と思い定めることです。そうすると、全てが感謝の対象になってきます。それは全て「喜び」になり「幸せ」になり、感謝の対象になるのです。

三つ目の「幸せ」というのは、一と二とは全く違う種類のものです。一と二は、自分の身の回りを取り囲んでいる現象世界の問題でした。が、三つ目の「幸せ」というのは、四次元的、五次元的な（つまり、目に見える現象とは少し違った世界の）「喜び」や「幸せ」になってきます。それは、**「自分の存在が感謝される」という「喜び」です。**

自分が、全てのことに感謝するのも「幸せ」であり「喜び」です。しかし、自分の存在が（自分がこの世に生まれたことが）、感謝され、喜ばれるという「幸せ」を一度味わってしまうと、〝至上の喜び〟です。もう引き返すことができません。この「喜び」や「幸せ」を味わうと、何回も何十回もそれを味わってみたくなります。この「喜び」は、三次元的な「喜び」とは全く異質なもので、「魂が打ち震えるほどの喜び」です。

では、そういう自分の存在が喜ばれるために、何をすればいいか、という問題になります。

それは例えば、坂道を歩いている人の荷物を持ってあげるとか、車を貸してあげるとか、お爺《じい》さんやお婆さんに席を譲るとか、そういうこともあります。しかし、究極の喜ばれること・愛というのは「その人のそばにいてあげること」なのではないでしょうか。

「人が二人」と書いて「仁」なのです。「仁」という愛情の形態は、究極の愛情の形であると同時に、実は一番簡単な愛の形であると言えそうです。つまり、愛というものに非常に深い奥行きがあるとすると、その入り口の姿も「仁」という形をとっているように思います。そして、いろいろな形の愛を表現し、相手に伝え、実践し、突きつめていった結果、最後に残っている愛の形というのは、やはりはじめの形であったと思われる「仁」という概念に行き着くのです。

「仁」とは、何もしなくてもいい。ただ、その人のそばにいてあげること。それが、究極の愛の姿なのではないでしょうか。その人のそばにいてあげるというのは、必ずしも時間的に、距離的に、地理的に近くにいるという意味ではありません。例えば、北海道《ほっかいどう》と九州に別れていても、精神的にいつもその人のそばにいてあげる。そういうことを「仁」というのだと思います。

「あなたが苦しく辛《つら》いときには、手紙を書いても、電話をしてきてもいいですよ」と言葉で言うだけでなく、実際にそのようなことがあったら、対応してあげること。どんなに忙しくても、大変でも、どんな時刻であっても、同じ笑顔で対応してあげること。それを「仁」というのではないでしょうか。

究極の愛というのは、特別なことをしなくてもいい。特別な形をとらなくてもいい。最終的に、最もシンプルで、しかも最初で最後の純粋な愛の形は、おそらく「仁」であると思うのです。

フランスの宗教史家に、ルナン（一八二三～九二年）という人がいました。ルナンは、キリストの生涯を「宗教書」でなく「史実」として調べ、「イエス伝」として残しました。このルナンの「イエス伝」によれば、イエスは四月三日の朝、ピラトの官邸に連れて行かれ、午後三時ごろ絶命するのです。「全てを御手《みて》に委《ゆだ》ぬ。イエスはこの世では無力だった」と書かれています。**「何もできなかった。ただし、苦しむ人を見捨てなかった。孤独な老人のそばに、じっと腰かけていた。女たちが泣いているとき、そのそばにいた。自分を裏切った者に、恨みごとひとつ言わなかった。イエスの生涯は、ただそれだけだった」**というのです。

イエス・キリストは「仁」の人であった、「仁」の塊であったということが言えるのではないでしょうか。

第6章

受け入れれば、全てが幸せ

身を捨てて浮かぶ

「そうならなくても構わない」——道はそこから開ける

ある人が、全く泳いだことがないというので、水泳教室に行ったそうです。最初に、鼻をつまんで潜る練習を何回かやったあと、「では、浮いてみましょう」ということになりました。体を水面に横たえて「浮く」努力をしました。けれども、浮こうとして（「沈みたくない」と思って）力を入れていたら、ブクブクと沈んでしまった、というのです。「先生、どうしても浮くことができません」と言うと、その先生は「そうですか。浮かべませんか。では、今度は沈んでみましょう」と言いました。怪訝に思いながらも、鼻をつまみながら「沈んでみよう」と思ったところ、今度は沈むことができない、というのです。「もう、体を沈めて構わない」と思った瞬間に、余分な力が抜けて、体が自然に「浮いてしまった」のだとか……。つまり、**「浮きたい」と思って力が入っているときは浮かなくて、「沈んでしまって構わない」と全身の力を抜いているときは、逆に沈むことができなくて浮いてし**

まった、ということでした。

この事実は、大変おもしろいことを意味しています。

人間の潜在能力や超能力は、「こうでなければ嫌だ」とか「こうならなければダメだ」と思った瞬間に、出てこなくなります（脳波がβ《ベータ》波になるためです）。逆に、「そうならなくてもいい、でも、そうなるといいなぁ。でも、ならなくても構わない」というように考えると、潜在能力が花開き、宇宙がそのように動くらしい。

念ずる方法というのは、基本的に、まず「0《ゼロ》ライン＝そうならなくてもいい」というものなのです。「そうならなくてもいい」「そうならないのが当たり前」という基本を押さえた上で、さらに、「そうなったら嬉しく、幸せだ。けれど、そうならなくてもいい、それが当たり前だ。でもそうなるといいな。でも、そうでなくてもいい……」というのが、潜在能力や超能力というものを引き出す「キーワード」らしいのです。

水泳で言うならば、**「身を捨ててこそ浮かぶ瀬もあれ」**ということです。泳げない人が溺れかかったときに「溺れたくない、泳ぎたい」と思っているときは、なかなか浮かばないし、沈んでしまう。けれども、そこで全身の力を抜き「もう好きにしてくれ」と、流れに身を任せた瞬間に、浮かぶこともある。というのが、この諺《ことわざ》の意味ですが、それは水泳に限らず、この世の現象全てについて言えることであるらしいのです。

比叡山《ひえいざん》の「千日回峰《せんにちかいほう》」という修行があります。これは、七年（合計一〇〇〇日）をかけて山々を巡る、「世界で最も過酷」と言われる修行です。この「千日回峰」を達成した方を「阿闍梨《あじゃり》さん」と呼びますが、ある「阿闍梨さん」の話を、新聞記事で読んだことがありました。

七〇〇日くらいまでは（一年に一五〇日ほど歩く）、その方は順調にきたそうです。ところが、その後に、信者さんのくれた食べ物に当たり、三日三晩下痢をし、嘔吐《おうと》をして、ついに歩けないほどの状態になってしまいました。

「千日回峰」は、七〇〇日くらいまでは、一日に三〇〜四〇キロ、比叡山中を歩き回るのですが、残りの三〇〇日というのは、京都の市中に出て、一日七〇〜八〇キロ歩くという過酷なものです。それでもその方は、はじめの二〜三日は七〇〜八〇キロをなんとか歩いたのですが、四日目くらいには、もう立つことも歩くこともできない、ひどい状態になってしまったとのこと。

そこで「阿闍梨さん」は、「どうしようか」と考えました。「千日回峰」は、途中で修行を断念した場合は、「死」を選ばなくてはならないのです。のどを突くための短剣を常に持ち歩き、菅笠《すげがさ》のひもで首を吊るようになっているのだそうです。「もう続けられない」と断念した「阿闍梨さん」は、短剣でのどを突こうか、それともひもで首を吊ろうか、真剣に考えました。しかし、そのどちらも痛かったり苦しそうだと思い、やめることにしました。けれども、また、今ここで山を下りれば、「千日回峰を断念した人」という評価をされ、おそらく日本の仏教界では生きていけないだろうとも思ったとのこと。いっそのこと、外国で暮らそうか、とも考えましたが、英語が全く話せないことに気がつき、それも断念しました。

そして悩みに悩んだ末、得た結論というのが、**「このまま前にばったり倒れて、死んでしまうのが一番いい解決方法だ」**というものでした。「阿闍梨さん」は、鉛のように重たくなった体を起こし、本当に死んでしまうつもりで、前に踏み出しました。「これで死んでもいい。死んで、全てのことを解決しよう」と……その瞬間に、あれほど鉛のように重たくて動かなかった体が、嘘のように軽くなり、動けるようになったのだそうです。

後日「阿闍梨さん」は、そのときのことを次のように回想しています。

「実のところ私は、七〇〇日くらいまではあまりにも順調にきていたために、『神も仏も、本当は存在しないのではないか』とさえ考えていました。『そんなものがなくても、自分は、ここまですんなりとやってこられた。あと三〇〇日くらいは、楽にこなせそうだ』と思っていました。ところが、あのように体が動かなくなり、人間の力や意志ではどうしようもない状態になったとき、命を捨てて一歩踏み出した瞬間に、体が動くようになりました。あのとき、私は『この世には、本当に神や仏が存在するのだ』と心の底から確信したのです」と。

「身を捨てた」から「体が浮かんだ」のです。

人間は、ものにこだわっているとき――「こうでなければならない」と思っているとき――は、現実処理の脳波であるβ波しか出てきません。それが、とらわれなくなり、心穏やかで、満ち足りて幸せなとき、特に感謝をしているときは、α《アルファ》波やθ《シータ》波というものが出てきます。このα波やθ波のレベルは、超能力を目覚めさせ、潜在能力を呼び起こし、ひいては宇宙の構造をも、少しずつ変えていく力を持っているようです。

何かを「こうでなければならない」「こうせねばならない」と思っているうちは、なかなかその現象は、自分の思うようには変わっていきません。**「そうでなくてもいいけれども、そうなってくれたら嬉しい。でも、そうならなくてもいいけれど……」という考え方が、どうやら、潜在能力や超能力を引き出す大きなポイントになっているようです。**

自分探し

「気に入らない」と言う前に「実践」してみる

「本当の自分は、別の人格を持っているはずだ」という信念の下に、「本当の自分」を探し続けている人がいます。あちこちで開かれる講演会やセミナーに出かけていき、「勉強」をしています。『本当の自分』は、どこか別にあるはずで、誰かがそれを教えてくれるに違いない」という信念に基づいているようなのです。

それが、謙虚さであり、自分が向上したいために生じているということは、よくわかります。ただ、「自分探しの旅」ということをあまりやりすぎていると、一番大切な「実践」というものが、忘れ去られてしまう可能性があります。「自分探しの旅」をしていれば、それで気が済んでしまう、それさえしていれば気楽、と思ってしまうのかもしれません。

ある人が、私の前に「こんなものがあります」と言って、たくさんのものを見せてくれました。絵、カード、ペンダント、水晶、陶器など、二〇種くらいあったでしょうか、それをその人は鞄《かばん》につめて、いつも持ち歩いているとのことでした。また、その人の話を聞いていると、「あの人も知っている」「このセミナーも受けたことがある」「あの人の講演も聞いたことがある」というようなことで、この世界で有名な人の名前は、ほとんどその人の口から出てきました。

その人は、私たちの集まりに参加していたのですが、ある人の発言が気に入らないということで、帰り際に私にこう言いました。「あの人が参加する以上は、私はもう来ない」と。こういう言い方というのは、意外と気楽に多くの人がしてしまうのですが、「自分を参加させたければ、あいつを参加させるな」と言っているわけです。人格上の勉強や研鑽を積んできた人の発言としては、あまり歓迎できるものではありません。普通の人が、そう発言するのならともかく、たくさんの勉強をしてきた人の口から、そのような言葉が出てきたというのは、大変意外でした。

多くの勉強をしても、その勉強が、自分の日常の言動につながっていなければ、それは意味のないことだと思います。**多くの人から多くのことを聞き、学んできた結果として、「常に、人を憎まず、恨まず、呪わずに、誰に対しても同じ態度で接することができる」ということが、日常の「実践」というものであったはず。**

それが、「気に入らない」と思った結果（思うこと自体は否定しませんが）、「あいつが来る限りは、自分は絶対に来ないぞ。だから、もし自分を参加させたいと思うなら、あいつを来させるな」と言葉にするのは、かなり傲慢な考え方になってきます。

多くの人が陥りがちなことですが、たくさんの本を読み、たくさんのセミナーや講演会に参加して、それで、自分がかなり成長し、向上したように思ってしまう、ということは少なくありません。しかし、そのようなことに参加し、たくさんの話を聞いたからといって、自分が成長しているということにはならないのです。そのようないい話を聞いたとき、自分の日常生活の中に取り入れ、「実践」をすること。それが「向上する」ということです。どんなにいい話を聞いて知っていても、それを行動に移さなければ（実践しなければ）何も知らないのと一緒だ、というのが私の考え方です。

「自分探し」をし、多くの会に参加したり、人の話を聞いて勉強をすることは、悪いことではありません。しかし、決してそこで安心しないこと。安心しきって、安住してしまわないこと。それがとても大切なことです。

私たちが、なんのためにそのような勉強をするのか、というのは、結局は「実践」という一言に集約されるのではないでしょうか。

自己完結

「気にしない」方がいい結果につながる

「戦わないで問題を解決する」という、もうひとつの話をしましょう。

一九九六年、アメリカのアトランタで、オリンピックが行われました。「男子一〇〇メートル競走」の決勝で、ある国の選手でCという選手が、二度フライングをし、失格になりました（陸上競技では、機械測定により、一〇〇分の一秒よりも早くスタートした場合を『フライング』と定めているのだそうです）。C選手は、それよりもわずか一〇〇〇分の何秒か早く、スタートしたのでした。

ご存じのように、C選手は一五分もその場所に粘り、「自分は絶対にフライングはしていない。発射音を聞いてからスタートしたのだ」と主張し続けました。しかし、その大会では機械測定で判定してきたものを、一人だけ例外扱いするわけにはいかない、ということで結局、機械測定通りに、彼は失格になってしまったのです。カール・ルイスは四回（一三年間）、アメリカの代表であり、男子一〇〇メートル競走の第一人者で、二度金メダルを獲得していました。ですから、前回のオリンピックで金メダルを獲得していたC選手にとっては、ルイスに並ぶ二大会連続の金メダルがかかった大きな「晴れ舞台」でのできごとでした（編集部注＝のちにウサイン・ボルトが達成）。

C選手の、あの二回目のスタートは、私も実況中継で見ていました。けれども、あれは多分、フライングではなかったのだと思っています。訓練に訓練を重ねた結果として、あのような超人的な速さでスタートできる「実力」がついていたのだと思います。しかし、C選手にとっては「機械測定」という〝不運〟が存在したのでした。

ところが、ここに非常におもしろい「事実」があります。

国際陸連が、機械によるフライング測定を取り入れたのは、一九九〇年代初頭のある国際陸上大会がきっかけでした。その大会には、C選手も出場しており、彼の成績は四位でした。隣のレーンの男が三位になり、C選手はメダルをとることができませんでした。

その決勝のあと、C選手は国際陸連に対し、「隣の男は、発射音が鳴る前にスタートした。フライングだった」と主張したのです。その国際陸上大会のときは、まだ「目視」で確認していました。目で見て、発射音より明らかに早くスタートした、という場合は「フライング」として、二発目を鳴らします。しかし、その決勝では、目で見てフライングだとはわからないようなものでした。

C選手の強硬な主張は、結果的に、国際陸連に「それでは、機械によるフライング測定を導入しよう」という結論を出させました。もし、彼が強硬に主張しなければ、国際陸連は、機械測定を導入することはなかったかもしれません。

それを強硬に主張した人間が、今度は機械測定によって、人生で最大の晴れ舞台からはじき出されてしまう、という皮肉な結果になったのです。

人生というのは、一人の人間において「自己完結」するのです。

ある女性（四〇歳くらいの会社員）から聞いた話です。その人には、二三～二四歳の後輩のＯＬが三人ほどいました。春と秋には、社の人たちとバーベキューをしに行くのが恒例になっていました。そんなとき、いつもその三人のＯＬは、焼いているときは遠くでお喋りをし、食べる段になると、最前線まで来て食べる。そして片づけのころになると、「用事があるので失礼します」と言って帰っていく……なんの手伝いもしたことがない、というのです。

その女性は、「今まで、精神的なことをいろいろと学んできた結果、イライラしたり、腹を立てることも少なくなってきました。でも、あの三人に対しては、どうしても腹が立つのです。前回のバーベキューでも、よっぽど怒鳴ろうかと、のどまで出かかりましたが、それを必死で抑えました。いったいどのように解決したらいいのでしょう」と言いました。

そこで私は、C選手の話（「自己完結」の話）をしました。自分が、そのバーベキューを手伝いたくないのなら、やらなくていいのです。やりたければやればいいし、やりたくなければ、やらなければいい。その結果が自分に返ってきます。

それが「自己完結」です。

要領よく立ち回っているその三人のＯＬは三人とも、それぞれの人生で「自己完結」するはず。

ですから、**自分の持っているある価値観とほかの人（この場合は、三人のＯＬ）のそれとが違っていても、腹を立てる必要はありません。必ずその三人には、その生き方に見合った結果が返ってきます。必ず「自己完結」するのです。**

逆に、自分が他人に対して腹を立てながらいやいややっていれば、それも「自己完結」するし、笑顔でやっていても「自己完結」します。「頭にくるからやらない」というのでいいのです。ただ、それに対しての「自己完結」も必ずやってくる、ということを覚えておいてください。

この話をした結果、その四〇歳くらいの女性は「気持ちがすっきりし、ほかの人のことが気にならなくなりました」と言いました。それ以降は、その三人のＯＬが要領よく立ち回っていても、笑顔で過ごせるようになったそうです。

正義

「自分が正しい」と思わず、「お任せ」で生きる

今の話で、おもしろいポイントがありました。というのは、人間が腹を立てるとか、怒る、相手に対しイライラする、というのは、多くの場合、「自分の側に『正義』がある」と思うことが源にあるようなのです。自分が正しくて、相手が間違っている。だから遠慮なく腹を立てたり、怒ったりしている……という状況が、多くの場合、見受けられるように思います。

例えば、ある会社で、朝九時始まりなのに遅刻してきた社員がいたとします。上司なり重役は、有無を言わさず叱りつけたり、中には感情的に怒鳴りつける人もいるかもしれません。

確かに、その「会社の規則」という中だけで考えれば、遅刻したことは悪いことかもしれません。しかし、**もしかすると、その会社の「正義」というものは、宇宙的な「正義」**

ではないのかもしれません。

例えば、先ほどの遅刻した社員には、次のような事情があったのかもしれない。

夜一二時ごろ、そろそろ寝ようかと思っていたとき、同居していた親が心筋梗塞で倒れてしまった。慌てて救急車を呼び、病院に付き添い、一晩中看病した。ほとんど一睡もしていなかったが、大事な仕事があったので、フラフラになりながらも出社した……。

そういう状況を踏まえたとき、「会社なのだから、どんな事情があっても遅刻すべきではない」というのは、会社側の論理であり、「会社の正義」であると思います。その会社流の倫理観や道徳というものは、もしかすると「宇宙的な正義」(人間としての温かさ、優しさ、など)とは少し違うものかもしれません。

そのように考えると、私たちが自分の狭い価値観や常識の中で「自分が絶対的に正しい」と思い込んでいるために、なんのためらいもなく相手を叱ったり怒鳴ったりしているかもしれないのです。

もしかすると、「宇宙的な正義」というのはまた別のところにあり、私たちが「正義」と思っていることは、「正義ではない」場合があるのかもしれません。

そう考えたとき、「どうしてそうなったのか」と聞くことは、必要なことであり、構わないことですが、自分が「正義」だと信じ込んで怒ったり威張ったりすることは、慎むべきでしょう。自分が怒っているのは、あくまでも「自分の中の正義」であって、「宇宙的な正義」を完全に理解しているわけではないのです。本当に「宇宙的な正義」であるかどうかは、神のみが司っていることです。小さな枠内にとらわれている「個人の正義感」というもので、人を裁くべきではないと思います。

先述したように（222ページ）、一人一人は「自己完結」をします。ですから、**自分が感情的になって怒鳴ったり、叱ったりして人を裁くということを、する必要はありません。宇宙的な「反正義」の行動は、多分「自己完結」するのです。**

「任せて」おけばいいのではないでしょうか。

不条理

「非難」はせず、「自分は絶対にしない」と受けとめる

ある大きな事故、あるいは病気に遭遇した人で、精神的なショックが大きくて、なかなか社会復帰ができない人がおられるそうです。そういう人たちのカウンセリングやセラピーを担当している方に会ってお話を伺ったことがあります。それによると、社会復帰ができるか否か、というのは、「ある一点」を乗り越えられるか（理解できるか）にかかっているとのことでした。その「一点」とは、**「不条理」が認められるかどうか**、ということなのだそうです。

「不条理」というのは「理屈に合わないこと」「筋道が通らないこと」ということです。例えば大きな事故や災害などに遭って、家や家族を失ってしまった、というような大きな問題を抱えたとき、「なぜ今まで私は悪いことをしてこなかったのに、自分だけが、こんなひどい目に遭わなければならないのか」と、多くの人が思うそうです。それでも、ほとんど

の（八〜九割の）人たちは、その起きてしまった災害や事故は、現実のものとして受け入れ、それはそれとして新たに出発すべく、乗り越えていきます。しかし、「今まで悪いことなどしてないのに、なぜ自分がこのような目に遭わなければいけないのだ」という考えから抜け出せずにいる人は、それを乗り越えることができず、いつまでも社会復帰ができないといいます。

実は、**「世の中は『不条理』なことに満ちている、『不条理の塊』であるらしい」と思い定めれば、その問題は乗り越えられるのかもしれません。**例えば、人が結婚をし、子供を育てていく場合に、その子供というのは二歳くらいまでは泣いたり、ぐずったりします。しかもそれは理屈に合わない理由でそうすることを繰り返す（気分が悪い、とか、暑い、寒いなどは親にはわかりにくいことですし、また親にはどうしようもない理由で泣いている場合もあります）。しかし、このような場合は、子供を怒鳴っても叱っても仕方のないことで、ただひたすらなだめたり、すかしたりして眠っていただく、あるいは機嫌を直していただくしかないのです。

これは「霊格」の問題にもなるのですが、「『不条理』というものを現実社会の中で認めて、それを乗り越えていきなさい、そのためにあなたに修業が大切なのです」という場合は、結婚することになっていますし、子供を授かり、その子供との生活を通して、「不条理」というものを認め、乗り越えていくようにプログラムされているようです。

理想主義に燃える若者にとっては、世の中は「不条理」でできあがっている、ということは認めにくいかもしれません。しかし、汚職まみれの政治家が何度も当選したり、人を不幸にしながら成功していく企業がある、ということは、「理不尽」の塊なのですが、世の中は、その「理不尽」によって成り立っています（少々語弊があるかもしれませんが、そういう「理不尽」なしくみが罷《まか》り通っていて、現実の社会が構成されているのだ、ということを認める必要があるのです）。自分たちが思っている、ある種の「正義」なり「道義」なりの通りに世の中ができているのではありません。

自分が、ある「正義」や「道義」「道徳観」を持っているのは自由であるのですが、必ずしも、自分以外の人たちも同じ考えを持っているわけではありません。では、そのような「理不尽」なことをしている人を見かけたときに何も糾弾《きゅうだん》しなくていいのか、ということになりますが、実は**「人を裁かない」ということ、「人を糾弾しない」ということは、とても重要なことに思えます。**

では何もしないのか、という話にまた戻りますが、何もしないのではなく、「ああいうことは、自分はしない」と決意することが、多分最も重要なことなのでしょう。自分は実践者として、自分が「道義」として許せないものは、それに反する人を糾弾するのではなく、「自分は、絶対にしないようにしよう」と決意することです。

もし、そこの社会に生きている人たちが全て、自分自身でそのように決意することができたなら、その社会は、本物の素晴らしい世界になるでしょう。ですから、世の中や社会が変わっていかないわけではありません。

自分の持っている「正義」や「道義」に反する人たちが、糾弾されることによって変わることは、ほとんどない、と言っていいのではないでしょうか。

まず自分が身を改めることです。

例えば、この本を読んだ人が、一人一人自分の身を処していき、自分の中にある「正義」や「道義」に反しないように日常生活を組み立てていったとしたら、その人はとても温かで、柔らかな雰囲気を持つ人になると思います。そういう人が、この社会に満ちあふれてきたら、多分、世の中はとても住みやすく、穏やかで温かな、素晴らしい社会になることでしょう。

世の中は「不条理」に満ちている、「不条理」がたくさん集まってできているのだ、と認めること。その「不条理」が、自分にとって許せないものであるならば、「不条理」の中にいる人を糾弾するのではなく、「自分自身はそういう生き方はしない」と固く決意し直すこと――それが遠回りのようでも、結局は温かで穏やかな社会を作っていくための近道のような気がするのです。

悟り

三秒で「うにの感情」を消す方法

ここで言う「悟り」というのは、宗教的な「悟り」とは意味が少し違います。宗教的な「悟り」というのは、各宗教、宗派、教団によって異なることでしょう。ここで言うのは、一般的な多くの宗教で言われているような意味での「悟り」ではありません。私がここで言う「悟り」とは、「腑《ふ》に落ちる」こと、「自分で『なるほど』と、納得ができる」ことを「悟り」と呼びます。「腑に落ちる」とは「『胃の腑』に落ちる」こと、つまり体の中にストンと落ちて収まることを言うわけです。その「腑に落ちる」「納得ができる」ことを「悟り」と呼んでいるのです（現代では「腑に落ちる」より「腑に落ちない」の表現が多く使われていますが……）。

人間が「悟る」ためには、実は何十年もの修業は必要ありません。一番短くて「三秒で」「悟る」こともできるのです。

一秒目。今まで自分の身に起きたことは、全て自分に必要だった、と思うこと。

二秒目に、その全てが、自分にとってプラスであった、自分を成長させてくれた、それがなければ、自分はここまで来なかった、今日はなかった、と思うこと。

三秒目に、だから今までの全てに感謝している、今までの全てに感謝できる、と思うこと、です。


そう思い切ることができたら、敵意や憎しみ、社会に対する呪いや恨み、というものが消えます。自分の皮膚の外のものを、恨んだり憎んだり、嫉妬したりする感情が消えます。

そうすると、皮膚の中の原子や分子と、皮膚の外の原子や分子は、もともと同じものですから（例えば水蒸気や窒素、リン、酸素など）敵意や憎しみが消えた瞬間に、全く同じものになります。つまり、自分の皮膚の中で思った想念が、皮膚の外の組織構造と同じ想念になるのです。


ですから、「恨む」こと、「憎む」こと、「呪う」こと（私はこれを「うにの感情」と呼ぶのですが）、これらを中心にして起こる「エモーショナル」（感情的気持ち）や、「イライラする気持ち」をなくしてしまうと――「合致」する、ということです。「合致」すると、自分の思ったことが、「宇宙の意志」にもなりますから、「それを思った」途端にかなう、ということになります。

三秒で「悟る」ことができると、毎日ニコニコと過ごすことができるのですが、その三秒の「悟り」は、頭で考えても、なかなか実践できなかったり、身につかないことがあります。その場合に、もう一歩手前の、日常的な訓練法があります。

それは**五つの戒め（私は「五戒」と呼んでいますが）を守ることです。五つの戒めとは、「不平不満」を言わない、「愚痴」を言わない、「泣き言」を言わない、「悪口」を言わない、「文句」を言わない**（26ページの「三〇年映画」と重なりますが、再度書きます）。

この五つを口にしなくなって、三カ月ほど経つと、突然周りから「あれをやってくれ」とか、「こういうところに顔を出してくれ」と言われたり、たまたま無職であったりすると、「こういう仕事があるのだけれど……」などの声がかかってきます。そういうことに対して（明らかに「騙《だま》そう」という意志と「金がもうかる」話は拒否しますが、好意や善意の申し出に対しては）全部「受けて立つ」「受け入れる」ようにします。すると、それを実践していくうちに自分の使命や役割、自分が魂を磨くためにこの世に生まれてきたことの意味、などが段々わかってきます。

つまり、「悟る」ということは、心が穏やかで、イライラしなくなり、にこやかに幸せに生きられる、ということと同時に、流れに身を委ねる、不平不満を言わなくなる、ということから、結果として、自分の役目や役割も見えてくる。それをやらされるようにもなる、ということです。

ただ、多くの人は、その『「五戒」を守ること』（不平不満、愚痴、泣き言、悪口、文句を言わないこと）が大変難しい、と言います。

それらを口にしなくなってから、三カ月ほど（人によっては六カ月ほど）すると、周りから、いろいろな声をかけられるようになるという「流れ」が始まりますが、仮に二カ月半で、不平不満を口に出してしまったとしましょう、そうすると、もうダメなのか、という問題ですが、ダメではなく、口に出した瞬間から、また三カ月努力すればいいのです。そういう意味で、宇宙は無限に寛大で、寛容と言えます。

不平不満、愚痴、泣き言、悪口、文句、というもので人生を綴《つづ》ってきた人は、「そうか」と思ったら、「五戒」を守るように実践してみてはどうでしょうか。

もし三日目に、不平不満を口にしてしまったら、そこからまた新たなスタートとなります。一週間は続いたけれど、八日目に口に出してしまったら、またそこからスタート。今度は一〇日間言わなかった、二週間言わないで済んだ、今度は一カ月続いた、また次は二カ月続いた……そういう形で、何度失敗しても、何度挫折しても構わないのです。宇宙は、そういう意味で、大変寛大で寛容なのです。

「五戒」を三カ月間守り続ける、ということに一〇年かかろうと、二〇年かかろうと、その「プログラム」は待ち続けています。

ただ、「不平不満」も「愚痴」も「泣き言」「悪口」「文句」も、それを口に出して言えば言うほど、その〝種〟を自分の身の回りにまいていることに気がついてください。言った分だけ、それが自分を窮地に陥れます。

ですから、**三カ月間（人によっては四カ月かもしれませんが）努力して、「五戒」を口にせず、結果、周りから様々な依頼事項が持ち込まれるようになったら、それはもしかすると、使命や役割を果たすような状況になった、ということかもしれません。**

「悟り」というのは、それほど難しいものではありません。まず、今日までの自分に起きたこと、目の前に現れた人、などに対する不平不満、愚痴、悪口などを一切言わないこと。そして、それらが全て自分の人格を向上させ、魂を磨くために必要であった、と思い感謝すること。それがここで言う「悟り」であり、宇宙の意志と合致する方法なのです。

エモーショナル

「魅力的な人」は「感情」に振り回されない人

人が何秒かで悟れる、という話をしてきました。

ひとつは、**我欲を捨てると、悟りに近くなります。**我欲とは、人より長生きしたいとか、病気をしたくない、金持ちになりたい、豪華な家に住みたい……というようなことです。そういう希望や志を持つこと自体は、決して悪いことではありませんし、生きる意欲や、やる気にもなります。しかし、それにこだわったり縛られたりすると、違うものになってきます。

自分の中の潜在能力や、魂の本来の役割や使命というものに気がつくためには、ひとつは我欲を取り去ること。そして**もうひとつ取り去るべきものは「エモーショナル（emotional）」というものです。**日本語に簡単に訳すと「感情的な」という意味なのですが、これは肯定的な感情（嬉しい、楽しいなど）を意味するものではなく、否定的な感情を指します。例えば、腹が立つとか、イライラする、頭にきた、嫉妬する……など、本来はパンドラの箱にあったであろう、人間があまり持たない方がいいと思われる感情です。『『エモーショナル』を取り去りなさい』と言うと、必ずこう言う人がいます。『『エモーショナル』でなかったら、人間的ではない。『エモーショナル』であることが人間的なのだ』と。こういう言い方は、どこかの文化人がテレビや雑誌などで使っていますが、どうもそういうものに引きずられているような気がします。

人間は「エモーショナル」でないと、魅力がなくなるのでしょうか。それについて少し考えてみましょう。

アメリカのＮＡＳＡ（航空宇宙局）の宇宙飛行士は、毎日二時間ずつの訓練を二年間行うのだそうです（延べ時間にすると、約一四〇〇時間に及びます）。

その訓練の大半は、「トラブルをいかに解決するか」というものです。例えば、エンジンが停止したとか、耐熱タイルがはがれ落ちた、アームが動かない……など、様々なトラブルを起こさせ、宇宙飛行士が、それを一つ一つ解決していくという訓練だそうです。

人間の精神というのは（よくできているというのか、できていないというのか、わかりませんが）、一〇〇〇時間を超えたあたりから、その人間の本質的な性格が出てくるらしいのです。どんなに我慢強い人でも、もともとが短気であるとか、すぐにイライラしたり、怒りっぽい、という場合、一〇〇〇時間くらいまではなんとか我慢できるようですが、それ以上経つと、イライラしてくるらしい。そしてついに、一四〇〇時間の訓練を達成する前に、何か「感情的な」言葉を叫んでしまうらしいのです。「こんちくしょう！（God damn!）」とか「なんでこんな故障ばかり起こるんだ！」というような「感情的な」（エモーショナルな）言葉です。そして、その叫んだ瞬間に、訓練の指導官は「あなたはもう帰っていいですよ」と言うのだそうです。

宇宙飛行士の条件というものは、技術的なこともさることながら、どんな状況にあっても絶対に「エモーショナル」にならない人、ということだそうです。技術的、科学的に優れているという点では、宇宙飛行士の候補者というのは皆、優秀な頭脳の持ち主ですから、そこに大きな差はありません。最終的に重視するのは、訓練の過程において絶対に「エモーショナル」にならない人物であるかどうか、ということなのだそうです。

「エモーショナル」な部分を持っている人は、どんなにそれを自分の意志で押し込めようとしても、必ず出てしまうのだとか。

ですから、**宇宙飛行士に選ばれた人というのは、「エモーショナル」を我慢して押し隠し**

ていられる人なのではなく、「エモーショナル」を感じない人、「エモーショナル」でない人であるらしいのです。

では、今まで日本人で、宇宙飛行士として選ばれた人たちを考えてみます。毛利衛《もうりまもる》さん、向井千秋《むかいちあき》さん、それに若田光一《わかたこういち》さんという方がいらっしゃいました。この三人――「エモーショナル」でない人たち――が、魅力のない人であるのかどうか、……。

それをよく考えてみると、「『エモーショナル』でなければ、人間的に魅力がない」という論理は、非常に乱暴であり、なおかつ間違った理論である、ということに気がつきます。「エモーショナルである」ことが、人間の魅力を作っているのではないのです。『エモーショナル』であるのが人間的だ」という論理に参加してしまうことは、自分にとって大変楽なことです。しかし、その論理に同調し、自分自身の「エモーショナル」を克服する努力をしないということは、人間として、〝魂磨き〟を放棄していることにほかなりません。

「エモーショナル」を克服することは、〝魂磨き〟にとって大変大事なことなのです。

天人五衰《てんにんのごすい》

「老い」を楽しむ考え方

中国四千年の歴史、という表現をよく聞きます。

中国には「老子《ろうし》」「荘子《そうし》」「孔子《こうし》」「孟子《もうし》」という偉大なる四人の賢者がいたのですが、老子だけは、実在したかどうかがはっきりしていません。実在したとすると、紀元前五八〇年ごろに生まれて同五〇〇年ごろに没したという説が有力です。八〇歳くらいで亡くなったことになりますが、インドの釈迦牟尼《しゃかむに》（いわゆるお釈迦様）の生没年である紀元前五六三～同四八三年と、ほぼ同時代を生きたことになります（ただし、お釈迦様にも、生没年にはいくつかの説があり、紀元前五六三～同四八三年というのも一説にすぎません）。

おもしろいのは、老子の一七年あとに生まれた釈迦は、老子の死去の一七年後に没しているのです。つまり、二人とも八〇年の人生を、一七年違いで過ごしたのでした。

逆から推理すると、〝中国の釈迦〟というような存在を、後世の人たちが作り上げたのかもしれません。

「老子」という個人が存在したよりも、「老子的思想」を唱える人々の集団がいて、その思想を後世の人が凝縮し、まとめあげたのではないか、というのが「老子非実存説」の学者たちの考えです。

「老子」が個人として実在したかどうかは別として、その「老子的思想」をまとめ、後世に残したのは荘子でした。

〝老子〟の思想は、後世、孔子や孟子が唱えた「上に対して忠、親に対して孝、社会に対して礼や仁」の儒教的思想を否定するもので、そういう道徳的、理論的規範に縛られて生きるのではなく、**天地自然の中に「無為自然に」暮らす**、というものです。

支配階級が存在しないところで自給自足で暮らす、それを実践する、そのように生きることを「道」と称しました。

ちなみに、荘子は、老子の思想を継いだ者として簡単に「老荘思想」といわれますが、「荘子」は、老子が書き残したという「老子道徳経《どうとくきょう》」よりも早い時代に書かれていたらしい、というのが、近年の研究の結果、明らかになってきています。人間個人の有限性を超え、欲望や感情を超越したところに〝解脱《げだつ》〟が存在すると荘子は唱え、それがのちの「道教」の骨格を形成することになりました。

日本では神道という宗教が生まれ、インドではヒンズー教や仏教が生まれ、欧州ではユダヤ教やキリスト教が生まれ、中東の砂漠にはイスラム教が生まれました。

では、中国ではどんな宗教が生まれたか。

実はそれが「道教」なのです。孔子が唱えた儒教は、〝支配者の論理〟になってしまって、庶民の心を揺さぶるという意味での宗教にはなりえなかった。「道教」は、**自然の中に生きる、自然と調和して生きる、他人と闘わない**、というような意味で、確かに〝宗教〟的色彩を帯びていました。

道教は、のちに二つの系統、ひとつは「禅」の思想に、ひとつは「神仙《しんせん》思想」（不老長寿を求める）へと結実していくのですが、「禅」と「不老長寿」とは目指すものが全く違うように思えるのに、その源がひとつなのですから、人間の「心」とは本当におもしろく、不思議なものです。

中国四千年の歴史が生んだ中国固有の〝宗教〟、それが道教でした。

そのひとつが、現実路線、つまり「不老長寿」へと展開していきます。中国を最初に統一して初めて「皇帝」を名乗った始皇帝《しこうてい》（だから「始皇帝」と言います）の関心は、ただ一点、自分がいかに死なないか、不老不死になるか、ということだったのです。

そこに巧みに入り込んだのが「徐福《じょふく》」という方士《ほうし》（中国古来の医術、錬金術などの神仙の術を身につけた者）でした。徐福は三〇〇〇人の童子・童女や多くの技術者などとともに、蓬莱《ほうらい》の島（海の中に高い山がニョッキリ出ており、そこの木の実を食べると不老不死になる）を求めて中国から東に船出したと司馬遷《しばせん》の「史記」に書いてあるのですが、始皇帝から莫大《ばくだい》な資金援助を受けたにもかかわらず、徐福は戻ってこなかったのです。始皇帝が死に、統治も乱れたために、そんなことは正史の中から忘れ去られてしまいました。

数年の航海ののち、徐福は日本にたどり着き、ついに富士山に至って、〝蓬莱の島はここだった〟と涙し、富士山に「不死の山」と名づけた（そのために「ふじさん」と呼ぶようになった）というのですが、紀元前二〇〇年ごろの話です。こんなことは「古事記」にも「日本書紀」にも書かれませんでした。

話がちょっと脇にそれてしまいました。元に戻しましょう。

中国が生んだ宗教である「道教」は、不老不死を追求する集団を形成していき、ついには、その〝本質〟をとらえることができる人々を生んだらしいのです。

私が（複数の人から）聞いた話では、七〇〇歳から八〇〇歳くらいの人が、中国には、二〇人から三〇人くらいはいるとか。

先日お会いした人は、「当人は一七〇〇歳だと言っていた」人と会ってお話をしたそうで

す。

「何歳くらいに見えるんですか」

「それがね、二五歳くらいなんですよ」

「そんなに若いんですか。実際は三〇歳とか四〇歳とかで若く見えるというのではないん

ですか」

「いろいろなことをよく知っているんです。とても二五歳には思えない。私も仕事がら、超

現実的な考えの持ち主ですが、正直、否定しきれませんでした」

この方の仕事は経営コンサルタント、確かに、いつも〝現実〟と向かい合っている方で

す。ありそうもないことを受け入れる人ではありません。

「年をとらないんですか」

「ええ、年をとらないんだそうです」

そういう会話をしていて、思い出したことがありました。

「天人五衰」というものです。

道教や、不老不死や、長寿や、そういうことをたどっていくと、必ずこの言葉に出会います。

「天人」とは、数百歳の年齢で生きている男性のこと。女性の方は天女。

両方を称して「天人・天女」と呼ぶようです。天上界に住む人、ではなく、人間の肉体を持ちながら、人間の寿命に支配されていない人のことのよう。

天人も天女も〝不老長寿〟ですから、年をとらないというのです。

ただし、死なないわけではなく、必ず死ぬとのこと。そのときに、「死期が近づいた兆候」が表れる。

それが「天人五衰」です。

天人五衰とは、教典によって諸説ありますが、

一　頭上の華鬘《けまん》　萎《しぼ》む

二　腋《わき》の下に汗を生ず

三　衣装　垢膩《こうじ》す

四　身の威光《いこう》を失す

五　鬱々としてその座を楽しまず

というものです。

死の五〇年ほど前になると、その人の頭上であれほど美しく輝いていた装飾具が、輝きを失い始める。

四〇年ほど前になると、腋の下に汗をかくようになり、三〇年ほど前になると、着ているものがなんとなく汚れた感じになってくる。これは、もちろん洗濯しても洗っても、ということです。

二〇年ほど前には、身の威光、つまりオーラ、釈迦やキリストには強く見えていたいわゆる「後光《ごこう》」ですが、これがなくなるらしい。

一〇年ほど前になると、鬱々として、いつも不平不満、愚痴、泣き言を言っている、という状態になるらしいのです。「その座を楽しまず」というのは、「自分が立脚しているところ（＝仕事であったり家庭であったり）に対していつもつまらなさそうで、文句ばかり言っている」という意味。

ここで私が言いたいのは、不老不死が人間に可能であるとか、不老長寿が現実にあるらしいとか、そういうことではありません。

「生命力が最も落ちた状態」が「鬱々としてその座を楽しまず」であるということ、これがすごいことなのです。

「中国四千年の歴史」が、長い間〝人間〟というものを見つめ、観察してきた結果、最も悪い状態は「鬱々として楽しまず」だ、と教えてくれている……。それが「すごい」のです。

この「人間観察」を応用してみます。

国道脇のドライブインで、食事をしようとしたとしましょう。

私はまず、花壇や植木の状態を見ます。駐車場のゴミや空き缶を見ます。花がしおれ、木が枯れていれば、店の中にいる経営者がいい状態でないことが、うかがい知れます。建物の周囲が乱雑に散らかっていれば、多分、もうかなり〝投げやり〟なのでしょう。

逆から考えます。

もし、鬱々として「その座を楽しまず」に文句ばかり言っているなら、まずそれをやめること。その悪い「投げかけ」が、同じような〝不運〟を呼び込んでいるに違いない。

そして、身の回りを清潔にし（高いものを身につけろというのではありません）さらに家の周り、職場の花などに思いをはせる、気を配る……。

「不幸」や「悲劇」が存在するわけではなく、自分がそう〝決めつけている〟だけなのです。

文句を言っている自分が、文句を言いたくなるような現象を呼び寄せているのかもしれません。

「鬱々として楽しまない」自分に気がついたら、ぜひ〝五衰〟の逆をやってみることにしましょう。

今の自分

受け入れることで、人格は磨かれる

「正義を振りかざすな」、あるいは「エモーショナルにならないように」ということを今まで述べてきました。そのような話に共鳴してくださる、ある宿の経営者の方が、私に相談してきました。

「年間に何千人か宿泊者があって、皆いいお客さんだし、とても感謝しています。ただ一人だけ、どうしても我慢のできないお客さんがいて困っています。この人を断ってもいいのでしょうか」というものでした。そのお客さんの方は、宿や宿主を気に入っていて、何かにつけて予約をし、「泊まりたい」と言ってくるのだそうです。宿主は「小林さんに『宿泊客一人一人を大切にし、丁寧に接する』という話を聞いて、これまで実践してきたけれど、そのお客さんだけは、なかなかできない」と言いました。私は彼にこう答えました。「そのお客さんを迎え入れることが、現状の自分では辛《つら》いのであれば、あえて無理をして迎えなくてもいいのではないでしょうか」と。つまり、お断りしてもいいのではないかということです。

それを聞いて、彼が言いました。「それでいいのでしょうか。一人一人に対して一生懸命に接する、ということで考えると、自分の『我』は殺して、その人を受け入れなくてはいけないのではないでしょうか。そう考えなくていいのですか」と。

私は答えました。「今のあなたにとって、それが辛いのであれば、無理をして受け入れることはないと思います。しかし、ずっと今のままの『寛容度』でいたのでは、いけないと思います。つまり、今の『寛容度』で受け入れることができないのは、それでいいけれども、しかし、**将来に向けて、その人を迎えられるくらいに、自分の『寛容度』を上げていく、そういう努力を毎日していくことは、必要だと思います**」と。

「ジョージ・クラベルの世界」（131ページ）でも書いたように、自分のあるべき姿や、理想とする人格は、どんなに高く設定してもいいのです。それに対して、今自分がどれほど低いところにいる、と自覚しても構いません。ただし、その「今の自分」のいる位置のままでいいというのではありません。そこから一段、二段……と上がっていこうという努力を、毎日続けていくことが必要なのです。そして、**その「努力」とは、人や社会と比べる**

ためのものではなく、ただ自分の理想とする人格に向かって進んでいく、歩んでいく、ということではないでしょうか。

あとがき

お釈迦様が予言した「平和で穏やかな国・日本」

先日不思議な一文に出会いました。

仏教の開祖である釈迦牟尼（お釈迦様。以後「釈迦」と書きます）が、ある予言を残したというのです。

私は仏教徒ではありません。自分なりに釈迦や仏教の勉強&研究はしてきたのですが、それでも、その〝予言〟は知りませんでした。

釈迦が残した教えは「論」「律」「経」の三部に分かれ、合計六九五六巻あるそうで、六九五六巻全てを「一切経」と言います。

ちなみに、「論」「律」「経」の三部を全て修めた人（僧侶）を「三蔵法師」と呼びました。「西遊記」のモデルになった〝三蔵法師〟は「玄奘」というのが固有名詞。「三蔵法師」は固有名詞ではなく、敬称。玄奘のほかにも〝三蔵法師〟は何人もいるわけです。

さて、その「論」「律」「経」のどこかにあるらしいのですが、釈迦がこんな「予言」を残しているのだそうです。

概要を説明すると、

一　釈迦の死後一〇〇〇年までは「仏法」（釈迦の教え）が正しく伝わる
二　釈迦の死後一〇〇〇年〜二〇〇〇年は「仏法」に似た教えが伝わる
三　釈迦の死後二〇〇〇年〜二五〇〇年は正しい「仏法」は伝わらず、「末法《まっぽう》」の世となる
四　「末法」の終期、釈迦の死後二五〇〇年前後、インドのはるか東方にある「ジャブトーバー」という国に弥勒菩薩《みろくぼさつ》が出現、「ジャブトーバー」を中心として世界がひとつに統一され、平和で穏やかな世界が実現する

というのです。

「末法」の世が来る、と釈迦が言っていたことは知っていましたが、「末法」のあとの時代について釈迦が予言を残しているというのは知りませんでした。

「ジャブトーバー」という国は、「都会に人があふれ」「夜でも明るい光に満ち」「道は広く平らで、裸足で歩いても足は傷つかない」「遠く離れていても話ができる」のだそうです。「舗装道路」とか「電気」「電話」など、全く想像もできないような時代に、釈迦は現代のような社会を読みとっていたらしいのです。

では、釈迦の死はいつごろなのか。

釈迦の死は、ある本では「紀元前四八五年」、ある本では「紀元前四八三年、または紀元前三八三年」と書いてあります。キリストのようにははっきりしていないのですが、東南アジアの国々に伝わる伝承と時代時代の出来事と照らし合わせると「紀元前五四四年」というのが古い説でした。

日本の中村元《なかむらはじめ》(インド哲学と仏教の専門家。文学博士。東大教授)博士は、アショカ王の在位年代から割り出して、釈迦が生きたのは「紀元前四六三〜紀元前三八三年」と、推定しました。

仮に、釈迦の死が「紀元前四八三年」であるなら二五〇〇年後は「西暦二〇一八年」となり、「紀元前三八三年」であるなら、二五〇〇年後は「西暦二一一八年」ということになります。「前後」という言葉から、仮に、「二五〇〇年」の一%＝二五年を考えてみましょう。「釈迦の死」が紀元前四八三年なら、二五〇〇年後は西暦二〇一八年。二〇一八年から二五年を引くと一九九三年です。二五年を加えると二〇四三年になります。「死後の二五〇〇年後の前後」を非常に小さく「前後一％」と考えると、釈迦の予言の時代は「西暦一九九三〜二〇四三年」ごろになるのです。「前後一〇％」と考えればプラスマイナス二五〇年で、一七六八〜二二六八年となります。

「非常に小さく前後一％」と考えても、「前後一〇％」と考えても、「釈迦の死＝紀元前四八三年」であれば、すでに私たちは「弥勒菩薩が出現する時代」に入っている可能性があるのです。

釈迦の死が「紀元前三八三年」であれば、死後二五〇〇年後（西暦二一一八年）の「前後一％」で「二〇九三〜二一四三年」、「一〇％範囲」で西暦一八六八〜二三六八年となります。「一〇％範囲」なら、すでに〝弥勒菩薩の時代〟に入っているかもしれません。

さて、この「ジャブトーバー」はどこの国なのでしょうか。

この〝予言〟に出会ってから、何人かの人に「ジャブトーバー」はどこか、どこと思うか、と尋ねてみました。全ての人の答えが、「ジャパン、すなわち日本だろう」ということでした。この予言について知っていた人もいましたがその人も、「当然、日本」と言いました。

ノストラダムスもそうですが、何百年も前に何かを予言するとき、その固有名詞が組み変わることが少なくありません。「アナグラム」（字謎）とも呼びますが、釈迦の時代は今から二五〇〇年も前。釈迦には宇宙からの情報が「ジャブトンパン」というような音に聞こえたかもしれず、「シャーリープトラ」（釈迦の弟子中、「知恵第一」とうたわれた弟子）が日本には「舎利子《しゃりし》」として伝わったように、微妙な音の違いで伝わったのかもしれません（「シャーリープトラ」と「舎利子」よりも、「ジャブトーバー」と「ジャパン」の方が、よほど近いように思われます）。

もし日本が「ジャブトーバー」であるなら、日本人である私たちのポジションは重要なものになってきます。

西洋文明や西洋医学は確かに進展してきました。が、同時に、「物質至上」的考え方や、「臓器の修復」的考え方は、あちこちで「行きづまり」を見せているようです。その混沌《こんとん》を解決する方法として、それら〝科学〟の最先端にいる人々ほど、「東洋思想」に答えがある、と言うようになってきました。

「東洋思想」とは、自分をとりまく状況を変える、という「西洋的解決」だけでなく、自分

の「心の中」をも変える、ということです。例えば、人間関係は相対的なものですが、相手を変えようと思うと、辛《つら》く、苦しい。思う通りにはなってくれないからです。では、自分が変われば……。

少なくとも、今までと同じ人間関係ではありえません。自分のポジションが変わったのですから、必ず「相対的」人間関係は変わります。

それによって活路が見出せるかもしれません。「火が熱い。だから火を消して」という方法とは別に、「心頭《しんとう》を滅却《めっきゃく》すれば火もまた涼し」という解決策もあるわけです。それこそが「東洋思想」です。

「ジャブトーバー」はその「東洋思想」を根源とする国家、なのかもしれません。

それにしても、よく考えると、この「予言」はすごいものであることに気づきます。というのは、日本には一五〇〇年前まで、「舗装道路」も「電気」も「電話」もありませんでした。一五〇〇年前にその〝予言〟を聞かされても、誰もその意味を読みとることはできなかったでしょう。逆にまた、二〇〇〇年ほどあとの時代では、「舗装道路」も「電気」も「電話」も、「それなあに」という状況になっているやもしれないのです。

ちょうど「釈迦の死後二五〇〇年ほど」で、「予言」された通りの文明……。

もしかしたら、私たちは、とんでもないほどワクワクできる時代に、生まれてきたのかもしれません。

穏やかで争わない、いつも笑顔を忘れえぬ自分を作ること、それこそが新しい世界、新しい地球を作ることになるような気がします。皆で、〝平和〟な世界を作ることにしましょう。

小林正観

一九九七年三月二八日

解説
正観さんの〝ものの見方〟が一番シンプルにわかる本

正観塾《せいかんじゅく》師範代　高島《たかしま》　亮《りょう》

小林正観さんの話によく出てくる、アナグラム（字謎）。言葉の綴り替えのことで、文字の順番を入れ替えて別の言葉にするという言葉遊びです。

アナグラムはどんな言葉でも可能ですが、中でも名前のアナグラムはとてもおもしろいものです。「氏名の中に使命が宿って（隠されて）いる」ともいわれるように、名前をアナグラムでひもといてみると、使命（個性、特徴、人生の方向性）が浮かび上がってくることがあります。

正観さんの名前をアナグラムで組み替えると、「こばやしせいかん（小林正観）」→「かんせいごはやし（完成後速し）」という言葉が出てきます。

これを正観さんは、**「自分自身の中で〝ものの見方〟や価値観が完成したあとは、人**

生の展開が速くなる」という意味に解釈しました。そして、実際にそうなります。「四〇代でものの見方が確立して、そこから本当に人生の流れが速くなりました」と正観さん自身、よく話していました。

では、どんなものの見方が正観さんの中で確立されたのでしょうか？

それは、本文でもその経過とともに語られています。「世の中に不幸や悲劇は存在しない。そう思う心があるだけだ」という言葉に出会い、当初は懐疑的だったものの、三〇代は「本当にそうらしい」と思うようになり、四〇代になると新たに「〝幸福〟という名の現象も存在しないようだ」という確信を持つようになります。

そして、「全ての現象は、宇宙的に、本質的に、ニュートラル（中立）。幸も不幸も存在しない。そう思う心があるだけ」という結論に至ったのでした。

正観さんはのちに、自らのものの見方・考え方を「見方道」と呼ぶようになりますが、その見方道のベースができあがったと言ってもいいでしょう。

ここから、小林正観という人の名前も活動も急速に広がりを見せていきます。

旅行作家としての著作とは別に、「正観さんの〝ものの見方〟や情報を多くの人に知らせたい」と言う坂本道雄《さかもとみちお》社長の手によって弘園社《こうえんしゃ》という出版社がつくられ、一九九六年に最初の著書『22世紀への伝言』が出版されました。その翌年には、早くも三冊目の著書として『こころの遊歩道』を出版、その後も、正観さんの活動の広がりは加速していきます。弘園社に続いて、正観さんの本を出すために宝来社《ほうらいしゃ》、英光舎《えいこうしゃ》という二つの出版社がつくられ、講演依頼もどんどん増えていきました。

　数年もすると、講演回数は年間三〇〇回を超えるようになり、その状態が何年も続きます。著書は三社以外の出版社からも出るようになり、正観さんの名はさらに広く知られ、一五年間での著作数は六〇冊にも及ぶこととなりました。まさに、「完成後速し」のアナグラム通りでした。

　本書は、弘園社から出版された『こころの遊歩道』の復刻版で、基本的に本文は当時の本のままです。当初の見出しにプラスして、補足の見出しを加えてありますが、正観さんの当時の息づかいがそのまま感じられる一冊となっています。

　旅行作家としても多くの旅のガイドブックを手がけた正観さんですが、本書は人生のガイドブックと言ってもいいでしょう。最初に出版されてから二〇年近くが経つわけですが、その内容はまったく古くなっていません。むしろ、より多くの人から必要とされるようになっている感さえあります。

それは、ひとつには、正観さんの〝ものの見方〟が、本質的で普遍的なものだからでしょう。

「現象はニュートラル。すべてはものの見方次第（で決まる）」というのは、知ると知らないとで人生がまったく変わってしまうくらい根源的な〝ものの見方〟です。

幸せと思う心がなければ、私たちは幸せを感じることはできません。どんなにものやお金があっても、どんなに恵まれた状況や環境にあっても、幸せと見る見方ができなければ、私たちは幸せになることができません。その逆もまたしかりです。

人の幸・不幸は、ものやお金、地位や名誉、環境や境遇といった外側の要素で決まるのではなく、最終的には（根源的には）、それをどう見るかという見方で決まる、つまり自分の内側で決まるという考え方が、「完成後」に書かれた本書のベースには流れています。それは、時代を超えて、いつのときも、誰にも当てはまる本質的なしくみです。人生の法則、宇宙の法則と言ってもいいでしょう。

特に、今の時代、私たちにとって、この見方は大きな味方になってくれるかもしれません。社会でも学校でも、競争に勝って多くのものを手に入れることが良しとされ、負けることやできないことや足りないことはダメとされています。外側を少しでも増やすことが評価され、それを追い求めて努力することが奨励されます。それは、大人も子供も同じです。

しかし、その方向に幸せはあるのでしょうか？　山のあなた（彼方）の空遠くまで行けば、幸せは手に入るのでしょうか？　**正観さんは、幸せは「すぐそばにある」と言います。**すぐそばとはどこかというと、自分の心の中です。外側に追い求めるのではなく、自分の内側に見つければいい。それを見つけるために〝こころの散歩〟をしてもらえたら……。本書は、そんな意図で書かれたのではないかと思います。

〝こころの散歩〟をしてもらうために、正観さんはいくつものルートを呈示していきます。手を替え品を替え、いろいろな人のエピソードや実例や体験談も織り交ぜて、読む人に気づきを与えてくれる〝遊歩道〟です。

幸も不幸も自分の心が決めるのだとすれば、どうすれば幸せを見つけることができるのか、その見方やヒントや方法論を示してくれる〝遊歩道〟です。それらを知ることで、今までとは違った見え方が開けていくでしょう。

それぞれの〝遊歩道〟には共通の看板が掲げられています。それは、「実践」という看板です。**「〝こころの散歩〟をして、気づいたことや感じるところがあったら、それ**

を毎日の中で実践しましょう」という趣旨のことが書かれています。

「三つの知」（83ページ）でも述べられているように、正観さんは「知識」を日常生活で実践することを「知恵」と言っていました。「実践」こそ「知恵」。幸せになるものの見方や方法論も、日常の中で実践して初めて生きるのであって、知っているだけでは何にもならない。**正観さんは、実践を非常に重んじ、自身も実践者（ジッセンジャー）であり続けました。**

そういう意味で、本書は「幸せを感じる方法論」を集めた本ではありますが、それ以上に、実践論の本にもなっています。ただ読むだけでなく、毎日の中にどう取り入れるかという実践論として活用することをおすすめします。

「経緯」とは「縦糸と横糸」のことですが、それが組み合わされたときに一枚の「織物」ができあがります。正観さんは別の著書の中で、縦糸を「教え」に、横糸を「実践」に、それぞれなぞらえています。**教え（ものの見方）という縦糸に、実践という横糸が通されたとき、人生の豊かな織物が織り成されるわけです。**本書にも、それを意図して、実践のための糸が張り巡らされているのかもしれません。

実践については、大きな方向性が示されています。それは、**人格の向上という方向**

性です。「知識」「知恵」に次ぐ第三の知として、正観さんは「知性」を挙げていますが、この「知性」とはすなわち「謙虚さ」のことでした。ほかの項でも、「ひたむきさ」や「誠実さ」や「奥深さ」、「優しさ」や「寛大さ」や「人格を売る」という話など、人格というものにたびたび触れています。

〝ものの見方〟を知って、実践によって知恵に変え、人格を高めるという方向性が、全編を通じて示されているように思います。そういう意味では、本書は人格論でもあり、生き方論にもなっていると言えるでしょう。

後年、正観さんは「人格者になるためではなく、損得勘定でもいいから実践する」という伝え方もするようになりましたが、本書が書かれたころは、人格を高めることの大切さをよく説いていました。一見、矛盾するようですが、正観流の〝ものの見方〟を実践することで結果的に人格も高まっていくと見れば、両者はつながります。

さらに、「人格を高める生き方をすることが、自分が（結果的に周りも）幸せになることにもつながる」ということまで見れば、〝ものの見方〟と実践と人格と幸せが一本の糸で結ばれることにもなりそうです。

そんなことも意図しながら、〝こころの散歩〟を楽しんでみてはいかがでしょうか。

[著者紹介]

小林正観 こばやし・せいかん

1948年東京生まれ。中央大学法学部卒。
作家、心理学博士、心学研究家、
コンセプター、デザイナー、SKPブランドオーナー。

学生時代から人間の潜在能力やESP現象、超常現象などに興味を抱き、独自の研究を続ける。年に約300回の講演依頼があり、全国を回る生活を続けていた。
2011年10月12日永眠。

著書に、「未来の智恵」シリーズ(弘園社)、「笑顔と元気の玉手箱」シリーズ(宝来社)、『淡々と生きる』(風雲舎)、『宇宙が応援する生き方』(致知出版社)、『喜ばれる』(講談社)、『「き・く・あ」の実践』(サンマーク出版)、『すべてを味方 すべてが味方』(三笠書房)、『ごえんの法則』(大和書房)、『「ありがとう」のすごい秘密』(KADOKAWA)、『ありがとうの神様』(ダイヤモンド社)、『嬉しく楽しく、幸せになってしまう世界へ、ようこそ』(廣済堂出版)、『心を軽くする言葉』『脱力のすすめ』『なぜ、神さまを信じる人は幸せなのか?』(イースト・プレス)など多数。

[お問い合わせ]

SKP　045-412-1685
小林正観さん公式ホームページ　http://www.skp358.com/
弘園社　上記のSKPにお問い合わせください
宝来社　03-5950-6538　ホームページ　http://www.358.co.jp/

本書は1997年に株式会社弘園社より出版された
『こころの遊歩道』を再編集したものです。
このたびの刊行にご快諾いただいた弘園社社長の
坂本道雄氏に、深く御礼を申し上げます。

こころの遊歩道《ゆうほどう》　「1日《にち》5分《ふん》」で幸《しあわ》せを感《かん》じる方法論《ほうほうろん》

2016年7月15日 第1刷発行

著者　小林正観《こばやしせいかん》

ブックデザイン　福田和雄（FUKUDA DESIGN）
本文DTP　小林寛子

協力　高島 亮

編集　畑 祐介
発行人　木村健一

発行所　株式会社イースト・プレス
〒101-0051
東京都千代田区神田神保町2-4-7 久月神田ビル8F
TEL 03-5213-4700　FAX 03-5213-4701
http://www.eastpress.co.jp

印刷所　中央精版印刷株式会社

ISBN978-4-7816-1452-6 C0030

イースト・プレス 人文書・ビジネス書
Twitter: @EastPress_Biz
http://www.facebook.com/eastpress.biz

イースト・プレス　小林正観の本

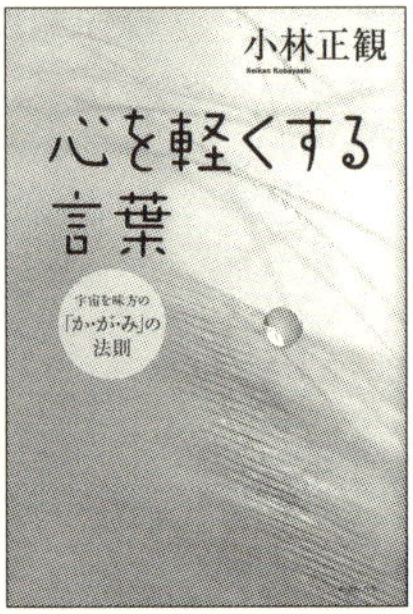

心を軽くする言葉

宇宙を味方の「か・が・み」の法則

「か・が・み」の法則の「我」(=思い通りに生きたい)
を捨て、受け入れれば、幸せで、楽な人生。
正観さんの“法則”のポイントがわかる名言集!

ISBN978-4-87257-966-6(単行本)
ISBN978-4-7816-7131-4(文庫版)

脱力のすすめ

「おまかせ」で生きる幸せ論

「思い」を持たず、笑顔で受け入れ、
がんばらなければ、幸せで、楽な人生。
新発見の法則が満載!

ISBN978-4-7816-0464-0

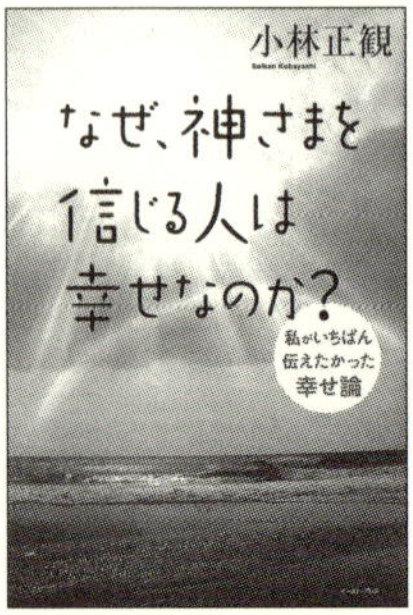

なぜ、神さまを信じる人は幸せなのか?

私がいちばん伝えたかった幸せ論

「神さまが見ている」といつも意識し、
“おかげさま”で生きれば、幸せで、楽な人生。
正観さん「最期の企画」が高島亮さんの手で甦る!

ISBN978-4-7816-1369-7